LOS BRIDGERTON
DETRÁS DE LA CÁMARA

LOS BRIDGERTON
DETRÁS DE LA CÁMARA

SHONDA RHIMES Y BETSY BEERS

TITANIA

Argentina • Chile • Colombia • España
Estados Unidos • México • Perú • Uruguay

AGRADECIMIENTOS

Queremos darles las gracias al reparto, al equipo, a los guionistas y a los creativos que han compartido experiencias mientras le daban vida a la serie. Su generosidad al participar en las entrevistas para el pódcast de la serie (Bridgerton: Official Podcast) y al hablar con nosotros ha ayudado a que la familia Bridgerton ofrezca una visión viva y real de todo el proceso.

También nos gustaría darles las gracias a Sandie Bailey, a Elise Loehnen, a Jennifer Joel y a Marysue Bucci, sin quienes este libro no habría sido posible.

LISTADO DE PERSONAS ENTREVISTADAS:

Betsy Beers y Shonda Rhimes

Chris Van Dusen, Creador

ELENCO

Adjoa Andoh, Lady Danbury

Julie Andrews, Lady Whistledown

Simone Ashley, Kate Sharma

Jonathan Bailey, Anthony Bridgerton

Sabrina Bartlett, Siena Rosso

Harriet Cains, Phillipa Featherington

Bessie Carter, Prudence Featherington

Charithra Chandran, Edwina Sharma

Nicola Coughlan, Penelope Featherington

Kathryn Drysdale, Genevieve Delacroix

Phoebe Dynevor, Daphne Bridgerton

Ruth Gemmell, Violet Bridgerton

Claudia Jessie, Eloise Bridgerton

Jessica Madsen, Cressida Cowper

Luke Newton, Colin Bridgerton

Regé-Jean Page, duque de Hastings

Golda Roushevel, reina Charlotte

Luke Thompson, Benedict Bridgerton

Polly Walker, Portia Featherington

CREATIVOS DE PRODUCCIÓN:

Kris Bowers, Compositor

Tricia Brock, Directora

Jess Brownell, Escritor y productor

Sophie Canale, Diseñadora de vestuario de la temporada 2

Holden Chang, Productor, postproducción

Scott Collins, Jefe de postproducción, Shondaland

Gina Cromwell, Decoradora de escenarios

Charlotte Dent, Experta en caballos

Sam Dent, Experta en caballos

Cheryl Dunye, Directora

Alison Eakle, Directora de contenidos, Shondaland

Greg Evans, Editor, postproducción

Sara Fischer, Directora de producción, Shondaland

Sheree Folkson, Directora

John Glaser, Diseñador de vestuario de la temporada 1

Dr. Hannah Greig, Historiadora

Franki Hackett, Doble

Will Hughes-Jones, Diseñador de producción

Jane Karen, Asesora de dicción

Annie Laks, Vicepresidenta de contenidos creativos, Shondaland

Sarada McDermott, Productora de la temporada 1

Ellen Mirojnick, Diseñadora de vestuario de la temporada 1

Jack Murphy, Coreógrafo

Erika Ökvist, Directora de peluquería y maquillaje de la temporada 2

Alexandra Patsavas, Supervisora musical

Alex Pillai, Director

Julia Quinn, Escritora

Julie Anne Robinson, Directora y productora ejecutiva

Lizzie Talbot, Coordinadora de intimidad

Kelly Valentine Hendry, Directora de casting

Tom Verica, Director de producción creativa, Shondaland

Michelle Wright, Productora de la temporada 2

INTRODUCCIÓN

No hay un mundo como el de los Bridgerton

Cuando empezó a emitirse en Netflix en diciembre de 2020, la serie basada en los libros de Julia Quinn que transcurre en la Inglaterra de la Regencia, tan diferente y chispeante, fue algo inaudito (una serie histórica y elegante que se reía de sí misma). El éxito de *Los Bridgerton* fue inmediato. Mi socia, Betsy Beers, y yo habíamos producido antes series de éxito (*Anatomía de Grey, Scandal, Cómo defender a un asesino*), pero nunca habíamos logrado la atención de una gran audiencia en todo el mundo al mismo tiempo. El impacto de *Los Bridgerton* nos deja sin aliento, y el interés que suscita entre sus adeptos sigue ahí. Mientras hablamos ya estamos trabajando en el rodaje de las temporadas 3 y 4.

Los Bridgerton es una creación de Chris Van Dusen, un guionista de gran talento. Su maravilloso trabajo aporta una voz y una perspectiva únicas al guion, y crea escenas llenas de humor y chispa, de calidez y emoción. Ese don ha sido un regalo para la serie.

Siempre digo que crear series no es tarea sencilla. Construir un mundo de la nada (o, en este caso, de las páginas de los libros de Julia Quinn) es un gran reto. Aunque también digo que una serie no es obra de una sola persona. Eso se aplica a todas mis series y también a *Los Bridgerton*. Una serie empieza con un guion fantástico. Pero un guion es un proyecto. La serie en sí la crea el increíble equipo de personas que trabajan día a día, semana a semana, durante el desarrollo, la producción y la postproducción para darle vida. Hay productores, actores y directores, decoradores y diseñadores de vestuario, equipos de peluquería y maquillaje, diseñadores de iluminación y editores, personal de redacción y (en este caso) historiadores. Y muchos más. Todas esas personas ayudaron a crear el mundo de *Los Bridgerton* que se ve en la pantalla.

Y eso me lleva a este libro que tienes en las manos. Betsy y yo somos productoras. Nuestro papel ha sido clave para darle vida a *Los Bridgerton*, desde la idea hasta el producto final. Hemos visto de primera mano el extraordinario trabajo de todas esas personas que han ayudado a crear este mundo. Y queríamos homenajearlo. Así que escribimos este libro para compartir contigo la minuciosidad, el esfuerzo y la belleza de lo que ha supuesto construir el mundo de *Los Bridgerton*. Y también para contarte algunos secretillos. A ver, no podemos adentrarnos en el mundo de lady Whistledown sin algún cotilleo jugoso, ¿verdad? Siéntate. Aflójate el corsé. Este libro es todo tuyo.

—**Shonda Rhimes**

Nueva York, mayo 2022

Érase una vez
(en una habitación de hotel en Mayfair)

SHONDA: ¿Vamos al principio? No al siglo XIX, sino a 2017 y a aquella habitación de hotel en la que estaba enferma y necesitaba algo que leer, y por casualidad encontré un ejemplar de *El duque y yo* de Julia Quinn, la primera de las novelas de los Bridgerton. No me gustaban las novelas románticas; de hecho, no estaba muy puesta en el género. Pero lo abrí, me enganché y no tardé en hacerme con todos los demás, porque eran fabulosos. Y luego te los pasé a ti.

BETSY: Creí que te habías dado un golpe en la cabeza mientras estabas con la gripe. ¿Novelas románticas? ¡Qué dices! Sin embargo, insististe en que serían una serie de televisión fantástica, y nunca he dudado de tu gusto. Yo no lo veía muy claro, porque no había leído una novela romántica desde la adolescencia. En realidad, nunca había leído una novela romántica histórica.

SHONDA: Claro, leíste las de los ochenta, cuando se llevaban las hombreras y la pedrería.

BETSY: Sí.

SHONDA: En mi caso, yo solo conocía las novelas de Jane Austen. No voy a criticar a Jane Austen porque no soy idiota...

BETSY: Puede que se enfade.

SHONDA: Podría revolverse en su tumba. Pero las novelas de Julia Quinn son mucho más jugosas, y están escritas por una mujer mucho menos encorsetada y correcta. Al fin y al cabo, Julia es una mujer moderna y no vive atrapada por las limitaciones de aquella época.

BETSY: Desde luego. Yo no tenía ni idea de lo que era la alta sociedad londinense. Jane Austen escribía sobre la nobleza rural, que vestía de forma relativamente sencilla y que iba con frecuencia a la iglesia.

SHONDA: Exacto. Y que reciclaba más la ropa.

BETSY: Al contrario que este mundo, lleno de lujos y derroche. Y con ese desternillante recurso de la columnista misteriosa que maneja los hilos contando cotilleos, ¡un toque genial! Julia creó un mundo nuevo, glamuroso y resplandeciente, que nunca habíamos visto.

SHONDA: Y le funcionó. Como también funcionó que creara una comunidad increíble de personas a la que puedes seguir durante toda una década, aunque cada uno de los ocho libros es independiente y se centra en un Bridgerton diferente, según van encontrando el amor. Y todos con final feliz.

BETSY: Algo raro para nosotras. ¡No tenemos que matar a nadie!

SHONDA: Exacto. No hay giros de guion increíbles ni matamos a nadie. Es curioso, porque muchos se enfadaron al descubrir que Regé-Jean Page no volvería, ¡pero ese era el objetivo! Superó su obstáculo, encontró el amor y tuvo su final feliz. Y aún quedan muchas historias por contar. Julia nos dio un mapa, pero había distintos caminos para abordar el material original: podíamos ceñirnos a cada libro o usarlos solo como puntos de partida. Creo que nos decantamos por el término medio.

BETSY: Sí. Además, ha sido una colaboradora increíble, siempre apoyándonos con entusiasmo. Ha sido estupendo contar con ella como asesora, junto con todos los historiadores y expertos que nos han instruido en las costumbres de la época. Entre todos han creado un armazón que nos otorga libertad en ciertos aspectos.

SHONDA: Y tomamos algunas libertades críticas. Abordamos desde el principio los rumores sobre la reina Carlota, que aseguran que en realidad era mulata, lo que abrió una puerta en mi mente a través de la cual la serie cobró forma: no sería una fantasía, sino una realidad alternativa, una versión alternativa de la historia. Ese concepto se convirtió en una forma muy interesante de contar esta historia sin exagerar, sin colocar el foco en «el tema étnico», porque el foco debe estar sobre el placer, el sexo y el amor.

BETSY: Seamos sinceras: el foco era la idea de que Violet Bridgerton tiene un montón de hijos (por elección) y quiere que todos se casen por amor, cuando nadie hacía tal cosa. El amor era un concepto radical en aquella época y no lo más importante.

SHONDA: Es curioso pensar en eso ahora, porque somos una sociedad romántica. El amor es lo más importante, y del resto ya nos ocupamos después. Hoy en día sería casi incomprensible casarse con alguien a quien no se ama, mientras que en la Inglaterra de la Regencia era una rareza. Desde luego era digno de las columnas de cotilleos. Los factores que impulsaban el mercado matrimonial eran la riqueza y el estatus, y muchas mujeres esperaban encontrar un hombre con el que engendrar un heredero y que después muriera pronto. Nos resulta descabellado pensar que el fin último del matrimonio fuera la viudez.

BETSY: Bueno, en cierto modo lo entiendo, porque todas queremos ser lady Danbury. Pero los Bridgerton y su amor rompen ese molde. Son el puente entre la realidad de la época y la modernidad en la serie; nos identificamos con ellos. Y eso es importante, porque queríamos lograr todos los puntos de encuentro posibles para crear un mundo en el que el público se viera reflejado; personajes de los que pudieran decir: «Yo soy igual». La gente se ve reflejada en algún miembro de la familia, ya sea Eloise, Daphne, Benedict o Anthony. Y en sus parejas, por supuesto. Hay mucha gente que se identifica con Kate.

SHONDA: Exacto. ¿Vamos ya al principio de verdad?

Julie Quinn recibe LA LLAMADA de su agente

Creo que todos tenemos momentos en nuestras vidas que nos encantaría revivir una y otra vez, y uno de ellos se produjo cuando recibí la llamada de mi agente para decirme que Shondaland quería adaptar las novelas de los Bridgerton. Y todo salió como en un cuento de hadas de final feliz. Era evidente que Shondaland se lo estaba tomando en serio, y empecé a pensar que era posible ver que el mundo de los Bridgerton tomaba forma en la pequeña pantalla.

Basándome en las preguntas que recibía, me quedó claro que todos en la productora se habían leído los libros y entendían las implicaciones de unas novelas tan interconectadas. Tenían clarísimo qué libros y qué personajes querían. El proceso fue fabuloso, un sueño increíble.

Y quiero resaltarlo porque mis sueños no son modestos; aunque jamás de los jamases pensé que sucedería algo así con mis libros. Nadie convierte en serie de televisión ni en películas las novelas románticas históricas. Si alguien quiere una serie de época, hacen una versión de *Orgullo y prejuicio*. Jane Austen tiene prestigio. Si eres capaz de darle una vuelta de tuerca a su maestría, te conviertes en visionario. Nadie veía las novelas románticas históricas de hoy en día como material en el que basarse.

Seamos sinceros: es un género escrito principalmente por mujeres. Leído principalmente por mujeres. Editado principalmente por mujeres. Y en la industria cinematográfica, hasta hace poco, eran principalmente los hombres quienes tomaban las decisiones. El

trabajo y el disfrute de las mujeres nunca se ha valorado igual que el de los hombres.

Renuncié al control creativo; no porque no confiase en mí misma o porque no me importara el resultado final, sino porque no seré yo quien le diga a Shonda Rhimes cómo hacer televisión. Confiaba plenamente, por motivos de peso, en que sabría cómo llevar las novelas al formato televisivo. Y cuando por fin conocí a Betsy Beers y a Chris Van Dusen, aumentó mi confianza en que la visión que Shonda tenía de mi visión se haría realidad.

Antes de que Betsy me enviara el primer guion, me llamó para advertirme de que la estructura sería distinta de la de los libros y de que el comienzo sería diferente, porque necesitaban mostrarle a la audiencia lo que era una novela romántica. Me resultó interesante, pero me preparé para una desilusión. Sin embargo, cuando llegó a mi bandeja de entrada, me llevé el portátil al rincón de mi casa donde puedo estar tranquila y lo leí con una sonrisa perenne.

Era fantástico. Distinto, sí, pero con una genialidad que a mí jamás se me habría ocurrido. Era perfecto.

Shonda y Betsy sobre cómo dar al género romántico el apoyo que merece

SHONDA: Hay una gran falta de respeto por el género romántico en Hollywood; si contribuimos a cambiarlo y a demostrar el increíble potencial de este material, me alegraré mucho. Porque las fans son increíbles y merecen ver lo que les gusta en la televisión. Mi mayor esperanza era poder darles a las seguidoras de estos libros algo que les pareciese digno y, al mismo tiempo, hacerlo tridimensional.

BETSY: Sí, tuvimos la increíble oportunidad no solo de ofrecerles a las lectoras de Julia Queen lo que les gusta, sino también de atraer a un público totalmente nuevo, un grupo de personas que quizá tenía ideas preconcebidas sobre el género romántico. Y lo que presenciamos fue lo contrario de lo que suele pasar cuando se adaptan los libros a la televisión o al cine: la gente salió corriendo a comprar las novelas después de ver la serie. Normalmente, ¡es al contrario!

SHONDA: Sí, es increíble que hayamos provocado ese hambre, o más bien sed, de lectura. Es lo mejor de todo.

BETSY: Creo que lo mejor de todo es que, con suerte, las novelas románticas dejarán de estar relegadas a la sección de «para bobas».

SHONDA: Es curioso que siempre que a las mujeres nos gusta algo, ese algo quede automáticamente rebajado de categoría y arrinconado. Pero cuando a los hombres les gusta algo de lo que las mujeres pasamos, siempre es importante, valorado y especial. Mira los cómics, por ejemplo. La gente a la que no le gustan resopla, pero como cuentan con un público mayormente masculino, ocupan un lugar de honor en el género narrativo. No paran de salir películas con adaptaciones de cómics, mientras que los libros románticos han sido excluidos de la pantalla.

BETSY: Lo que me resulta curioso es que a muchas mujeres les gustan las películas de Marvel, del mismo modo que muchos hombres se sintieron atraídos por *Los Bridgerton*, y no hubo que forzarlos a verlos. Es sorprendente la cantidad de hombres que ha opinado sobre la serie. ¡La han visto!

SHONDA: ¡Como debe ser!

REALISMO DE REGENCIA

ÉPOCA: INGLATERRA DE LA REGENCIA 1811-1820

ALTA SOCIEDAD: RICOS Y FAMOSOS DEL ESTAMENTO SOCIAL SUPERIOR

HANNAH GREIG, HISTORIADORA Y ASESORA DE *LOS BRIDGERTON* SOBRE EL MUNDO DE LA REGENCIA INGLESA

Nuestros principales puntos de referencia para la Regencia inglesa son las novelas de Jane Austen, donde no hay duques, duquesas ni miembros de la familia real. El Sr. Darcy y la Sra. Bennet, esos personajes de *Orgullo y prejuicio* que tan bien conocemos, no tienen títulos porque no pertenecen a la aristocracia, no eran lores ni ladies. Se puede decir que las personas que pueblan sus novelas son de clase media alta. Los hombres pueden ser empresarios, clérigos o militares; y no tienen por qué poseer mansiones en el campo, cuyos dueños eran condes, lores y duques. Las casas que vemos en Jane Austen son de tamaño medio, en serio. Es una perspectiva un tanto diferente de lo que era ser rico en el siglo XVIII, un mundo muy distinto del de la aristocracia inglesa de *Los Bridgerton*.

La aristocracia, los «pares del reino», es un grupo muy reducido (unos cientos de familias), aunque es poderosísimo y se estructura en torno a la condición hereditaria de los títulos. Duque es el rango más alto; seguido de marqués, conde, vizconde y por último barón. Lady y lord siempre antecede a sus nombres, aunque a los duques solo se les llama por el título. La monarquía otorga dichos títulos, o se transmiten de padre a hijo. Es una sociedad patriarcal y, por tanto, dirigida por hombres.

Esos hombres no solo poseían toda la riqueza, sino que también controlaban el gobierno. En el caso de los Bridgerton, Anthony ostenta el título de vizconde, pero Benedict, Colin y Gregory no tienen título y tendrán que abrirse camino en el mundo. Necesitarán ganarse la vida seguramente en el ejército o en el clero. Quizá puedan dedicarse a algún negocio o representar a la familia en el parlamento. En ese sentido es donde el matrimonio de Daphne es muy útil para la familia, ya que el duque de Hastings es rico y, por tanto, controla muchos asuntos como los escaños del parlamento. El duque puede serles muy útil a los hermanos, ya que puede ayudarlos en sus carreras y asegurar su futuro. Así es como el círculo de la alta sociedad se mantiene reducido y controlado, al asegurarse de que nadie ajeno a él penetra en las estructuras de poder.

Ese pequeño círculo también significaba que la riqueza permanecía entre esas familias. Los miembros de la alta sociedad eran ricos. Asquerosamente ricos. Para hacernos una idea, se dice que el Sr. Darcy, el protagonista rico pero sin título de Jane Austen, tenía unos ingresos anuales de diez mil libras, lo que equivaldría a unos 5 millones de libras al año (¡no está mal!). Pues bien, el miembro más rico de la alta sociedad en la época de la Regencia, incluidos los multimillonarios duques, ingresaba diez veces más que eso a principios del siglo XIX: unas 100.000 £ anuales. Sí, ¡eso son 50 millones de libras en dinero actual! Eran increíblemente ricos en comparación con los demás. Obtenían ingresos de sus vastas propiedades en Inglaterra, pero también poseían tierras en el extranjero, entre las que se incluían plantaciones con esclavos. Para que entendamos sus inmensos privilegios, una criada podía ganar tres libras al año (más alojamiento y comida), unas míseras 1500 £ según el cálculo actual, mientras que una familia que trabajara en la industria textil o similar podía ingresar 15 libras al año entre todos sus miembros (7.500 £ actuales).

«*Solo son personas*».
JESS BROWNELL, guionista y productora

1

LA CREACIÓN DEL MUNDO

SHONDA: Fui yo quien descubrió a Chris Van Dusen porque fue mi asistente en la temporada 1 de *Anatomía de Grey*. Según dice, habíamos quedado en un banco del parque y llegó tarde, algo muy raro en él.

BETSY: Menos mal que lo perdonaste, porque ha estado con nosotros desde el principio. Chris es una de esas personas capaz de hacer cualquier cosa: su creatividad es increíble y siempre lo da todo.

SHONDA: *Los Bridgerton* era uno de los proyectos que más me apasionaban, pero sabía que no podía encargarme de escribir yo sola el guion sin retrasarlo todo, ¡Violet tiene muchos hijos! Chris Van Dusen es de los nuestros, y sabía que podía confiar en él para construir este mundo y para darle vida a nuestra visión colectiva.

BETSY: El trabajo conjunto ha sido maravilloso. No se puede crear una serie de esta envergadura (en otro continente, en otra época) sin un gran trabajo en equipo. Y el esquema inicial de Chris fue estupendo. Uno de los rasgos definitorios de los guiones de Shondaland son las acotaciones, y en las primeras páginas ya sabes exactamente de qué va la serie. Los apuntes ajenos al diálogo permiten ver el tono de la serie.

CHRIS VAN DUSEN: Shonda me habló de las novelas de los Bridgerton, que yo desconocía. Me las llevé a casa y me leí la primera en unas cuantas horas. A la noche siguiente me leí la segunda, y luego la tercera. Me engancharon.

Soy un gran fan del género en parte por todas esas reglas que debían seguir las personas de la época. Todos sabían qué se esperaba de ellos, lo que debían hacer y lo que no. Es perfecto para la narrativa, porque todo está medido. Aunque mi idea fue ser fiel a la época, también quería modernizar el mundo y mostrar a los personajes y las historias a través de una lente contemporánea. Funciona porque las historias en sí son atemporales y universales. Conocemos a estas personas porque somos nosotros... vestidos de época.

Es una serie dinámica con gente atrevida que habla muy rápido. Las pullas son incesantes e ingeniosas y a veces subiditas de tono. ¡Nos encanta excitar al espectador! Algo que no siempre sucede con las series de época tradicionales.

Queríamos que transmitiera frescura y juventud, que tuviera mucha chispa y efervescencia. Sí, la serie es escandalosa. Pero funciona porque cualquiera que la vea se siente identificado. Además, es un producto de Shondaland, de manera que contar con un elenco diverso nos permite explorar ese argumento. La diversidad racial forma parte del argumento de la serie, de la misma manera que lo hacen la cuestión de clase social y de género.

ALISON EAKLE, DIRECTORA DE CONTENIDOS DE SHONDALAND: No tardé nada en entender la emoción de Shonda. Como directora de contenidos y antigua guionista, vi que los libros podían convertirse en una serie de ocho temporadas. Cada historia merece ser contada de forma individual. Cada una está plasmada en un libro y todos contienen una comunidad de personas y un mundo extensísimos al que puedes recurrir siempre. Es genial y perfecto para televisión.

Negociamos los derechos con Netflix, recibimos el visto bueno y después Betsy, Shonda y yo nos sentamos con Chris Van Dusen, le dimos el libro de *El duque y yo* y le pedimos que lo leyera.

SE BUSCAN GUIONISTAS:

Reunir guionistas requiere una química compleja: el presupuesto limita bastante, pero dado que se trata de Shondaland, donde plasmamos el mundo que conocemos, queríamos asegurarnos de tener diferentes puntos de vista. El grupo de guionistas de *Los Bridgerton* contaba tanto con veteranos como con novatos. Algunos son estupendos para escribir, otros son fantásticos para dirigir el grupo y siempre hay alguien que destaca más en el set de grabación.

Leímos cientos de trabajos para asegurarnos de que cubríamos todas nuestras necesidades: ¿Son graciosos? ¿Pueden escribir escenas subidas de tono? La verdad, la mayoría de los guionistas no puede hacer ambas cosas. Es difícil ser gracioso y provocativo a la vez. Al final todo se redujo a encontrar gente capaz de hacer un poco de cada, o muy fuerte en una de los dos áreas.

Reunimos al grupo durante seis meses. Las primeras semanas se dedicaron a crear la visión general de la temporada, y en última instancia de la serie, porque es necesario plantar las semillas que se convertirán en hilos argumentales a lo largo plazo. Hay que buscar la trama central de cada temporada y fijar la evolución de varios personajes. Después se asignan distintos episodios a distintos guionistas, aunque muchas partes se escriben en grupo. En Shondaland, los guionistas triunfan juntos o fracasan en grupo.

Desarrollo de los personajes

SHONDA: Los dos factores predominantes en cualquiera de nuestras series son que creamos personajes que la gente quiere ver y que los plantamos en situaciones imposibles para ver cómo se las apañan.

BETSY: Una de las cosas que siempre me ha gustado de tu forma de contar historias es que obligas a la gente a reconocer que son personajes multidimensionales que pueden llegar a sorprender. Con Anthony creamos una montaña rusa a lo largo de la temporada. Al principio parece un libertino testarudo, hasta que descubrimos un importante trauma de su infancia que le provoca miedo a las relaciones. Es lo que pasa con lady Featherington, que según avanza la serie nos obliga a cambiar la opinión que tenemos de ella. Tal vez no te guste lo que hace, pero entiendes que tiene buenos motivos. Daphne muestra distintas facetas de su personalidad en la primera temporada, como cuando se aprovecha de Simon en la cama. Al principio nos parece algo ajeno a su carácter, pero en realidad todos somos seres complejos, no solo hijas obedientes y serviciales, arribistas chiflados, o solteros egoístas.

SHONDA: Desde luego. Eso pensé de lady Featherington cuando lleva a Marina al barrio pobre y le pregunta si quiere acabar así. A medida que descubrimos su matrimonio, comprendemos que ella se vio obligada a tomar una decisión similar: un matrimonio sin amor con un hombre que apenas la mira. Lo lleva lo mejor que puede. Esa es su vida. Entiendes el trauma que sufre, mientras que al principio solo parece un personaje cruel, ridículo, un tanto repelente y graciosísimo.

BETSY: Las Featherington son hilarantes y conmovedoras. Marina también se las trae. Al final simpatizo con ella, desde luego, aunque al principio se me atragantó en ocasiones. Lo mismo pasa con Simon. Al principio, es un antipático de cuidado. Pero cuando descubrimos cómo fue su niñez, empezamos a entender por qué rechaza y teme la intimidad. Ver cómo se desarrollan esas facetas de los distintos personajes es igual que lo que sucede en la vida real con las personas que vamos conociendo.

EXPRESIONES TÍPICAS DE LA ÉPOCA

LIBERTINO: *playboy* o mujeriego

LOS GRILLETES DEL MATRIMONIO: casarse

ESTAR MAL DE LA AZOTEA: loco

ACHISPADO: borracho

EMPINAR EL CODO: beber mucho

SER UNA SÍLFIDE: estar muy delgada

DAR LA ESPALDA: muestra pública de rechazo

SER EL ÚLTIMO GRITO: estar muy de moda

ESTIRADO: arrogante

DIAMANTE DE PRIMERA: la debutante más aclamada, sin igual, sin defectos

CUARTOS: dinero

PRIMER INTERÉS: primer amor de una mujer joven

DE EMPEINE ALTO: arrogante u orgulloso

PATRAÑA: falso rumor, mentira o engaño

EXHIBIRSE: paseo en público para ser visto, no para hacer ejercicio

PLANTAR EL PUÑO: golpear a alguien en la cara

ECHAR EL LAZO: matrimonio

Shonda sobre la incorporación de la reina Carlota al mundo

La adición de la reina Carlota fue útil mientras creábamos este mundo. Se convirtió en una herramienta para ampliar la visión que tenemos de las personas no caucásicas en la época. Podíamos poblar la serie de una forma diferente a la habitual en una producción clásica. Y podíamos representar una reina elegante y majestuosa. Entendemos el poder de la monarquía y lo respetamos. Así que decidimos que esta reina Carlota existía en el universo Bridgerton y que no necesitaba ser una representación exacta de la verdadera reina Carlota. Eso nos permitió contar la historia como queríamos.

El trasfondo de *Los Bridgerton* es que había dos realidades separadas avanzando en paralelo en Londres (una sociedad blanca y otra negra), y cuando el rey Jorge III se enamora de la reina Carlota, decide unirlas y concede tierras y títulos. Es así de sencillo.

Lo que me resultó muy interesante en la temporada 1 fue que el padre de Simon estuviera obsesionado con la idea de un heredero, que creyera que su posición social era tan inestable que podía desaparecer en cualquier momento si no tenía a alguien a quien legarle sus propiedades y su título. No entendía la fuerza unificadora del amor. Si dejara de obsesionarse y mirara a su alrededor para ver a su hijo y al mundo tal y como se había rehecho, se daría cuenta de que las personas más poderosas de la sala no eran caucásicas.

Un maravilloso efecto secundario de la incorporación de la reina Carlota es que se nos abre una ventana a la solitaria vida de este personaje. Siempre está rodeada de gente y, sin embargo, parece estar sola.

Empezamos a entender que, incluso para ella, el poder femenino deriva del ámbito social. El mercado matrimonial es el «ámbito laboral» de la mujer en la Regencia. Y para la reina es su patio de recreo, algo que le da emoción a su vida.

CHRIS VAN DUSEN: El fin de los guionistas era lograr que la historia resultara relevante en la actualidad. Mi intención era que fuese un análisis moderno sobre cómo, en los últimos 200 años, todo ha cambiado sin que nada cambie. Hubo algunos debates muy animados entre nosotros sobre los papeles de hombres y mujeres. Bromeábamos diciendo que aunque no había apps de citas, en los bailes no paraban de hacer «me gusta» y «no me gusta» hasta altas horas de la madrugada. Descubrir todas esas referencias modernas fue muy divertido.

JESS BROWNELL, GUIONISTA Y PRODUCTORA: Esa fue la clave cuando empezamos a escribir: lo hacíamos como si fueran personajes contemporáneos y luego repasábamos lo escrito para adaptarlo a la forma de hablar de la época. En una serie como *Anatomía de Grey* o *Scandal*, cuando no teníamos la jerga médica o política, escribíamos la emoción de la escena. Una vez que investigábamos, repasábamos lo escrito y corregíamos. El mismo proceso se llevó a cabo con *Los Bridgerton*, aunque para adaptar los guiones a la forma de hablar de la época.

Por ejemplo, si Simon decía algo como «Se me ha subido el alcohol», después de investigar lo cambiábamos por algo como «Voy achispado». Si alguien tiene un hijo ajeno a su matrimonio, puntualizábamos que era un hijo bastardo. Al final nos dimos cuenta de que no necesitábamos ser expertos en cómo hablaba esta gente. Podíamos concentrarnos en la narración y en la emoción de la escena, y después añadir los detalles históricos.

ALISON EAKLE: Este fue nuestro primer proyecto con Netflix, y también fue la primera vez que tuvimos la oportunidad de escribir una temporada entera antes de hacer el casting. Normalmente, escribimos el guion a medida que se va rodando, construyendo el avión en pleno vuelo y usamos las interpretaciones de los actores para aprovechar sus puntos fuertes o seguir su intuición. La magia de escribirlo todo a la vez es que tienes la oportunidad de ir editando a medida que descubres cosas sobre los personajes, a medida que cambian y evolucionan. Se puede volver atrás, corregir y preparar las cosas. El único guion que no estaba terminado cuando empezamos a rodar fue el del episodio 8, porque necesitábamos tiempo para decidir exactamente cómo cerrar la temporada y preparar la siguiente. Y seamos claros: ¡en Shondaland, los finales felices son algo nuevo! Tardamos un poco en acostumbrarnos.

JESS BROWNELL: Cuando pensamos en escenas de sexo con personajes de la Regencia, nos parece algo muy extraño; creemos que la gente de la antigüedad era muy refinada y correcta, con esos vestidos de talle imperio y esos chalecos; pero, por supuesto, lo que sabemos del pasado procede de la visión de un historiador de la época y, en fin, seguramente fuera igual de mojigato. Mientras escribíamos *Los Bridgerton*, decidimos que la gente tenía entonces los mismos impulsos y los mismos deseos que hoy en día. Si a eso le añadimos la represión, te puedes imaginar que estaban a punto de estallar por el deseo sexual contenido.

Hablando de eso, en la mayoría de las novelas románticas todo es bastante tibio hasta llegar a la mitad del libro, cuando los protagonistas se casan y de repente hay escenas subidas de tono por todas partes. Decidimos que no podíamos alargar el tema durante seis episodios, y de ahí surgió por ejemplo la escena del sueño, a modo de aperitivo. No queríamos que esperaran hasta el episodio 6 para tocarse y abrazarse. También era una buena forma de meternos en la cabeza de Daphne y que el público percibiera sus deseos.

Hablamos mucho de Daphne, no solo de su personaje, sino también de su actitud en las escenas de sexo, que son muy descriptivas. No son gratuitas en absoluto, son esenciales. Porque impulsan su evolución y desarrollo, desde una chica mojigata e ignorante hasta convertirse en una mujer dueña de su deseo, que llega a conocerse íntimamente y empieza a pedir lo que quiere. Quiere un hijo, sí, pero también quiere disfrutar del sexo en posturas menos tradicionales o, en fin, en la hierba bajo la lluvia. Empieza a darse cuenta de que su vida es suya, así que el sexo se convirtió en una forma estupenda de contar esa historia.

Una vez que superamos la fase de las risas tontas y los rubores, fue bastante divertido escribir todas las escenas de sexo. Recuerdo que una noche estaba escribiendo una, muy metida en ella. Con la cabeza agachada porque estaba inspirada al máximo, y de repente me di cuenta de que, efectivamente, estaba escribiendo porno. Páginas y páginas de porno escandaloso. Y de que mi jefe iba a leerlo, así que si esperaba que escribiera «Y después mantienen relaciones sexuales» iba a pasar la vergüenza de mi vida.

Así que fui al despacho de Chris y le pregunté: «¿Qué nivel de detalle esperas en las escenas de sexo?». Y su respuesta fue: «Ah, pues quiero detalles». Fue sin duda uno de los momentos más incómodos de mi carrera, parecido a lo que debió de sentir Daphne cuando le preguntó a su madre cómo se hacían los niños. Chris me retó a coreografiar cada movimiento, a describir al máximo la escena. Y los detalles son muy descriptivos y coloridos.

JESS BROWNELL: La serie tiene un punto de vista femenino; creo que hay historias sexuales feministas que a veces muestran el cuerpo de la mujer porque se les olvida que deben verlo todo a través de sus ojos. Para nosotros era muy importante mantener la coherencia con Daphne y su punto de vista. Aunque no hay nada gratuito en la serie, queríamos crear esos momentos por la ruptura que suponen con lo que solemos ver. Cuando Simon se baja los pantalones, Daphne lo mira de arriba abajo. Su mirada se ilumina y, como espectador, recuerdas que ha estado protegida de todo acercamiento al sexo. Aunque ha visto cuadros de hombres desnudos en los museos, es la primera vez que ve uno de carne y hueso. ¡Y en la misma habitación! Su reacción al desnudo de Simon es pura.

Mientras escribíamos, nos obligábamos a mantenernos alejados del contexto histórico para no proyectar la idea de que todos eran más o menos asexuales: castos y puros y sin deseo alguno. Pero queríamos recordarle al espectador que en aquella época también se ponían cachondas. Se les iluminaban los ojos cuando veían a un hombre desnudo. Ese descubrimiento nos permitió acceder al fondo de los personajes y escribirlos como si pertenecieran al mundo actual. ¡Son humanos!

**ALISON EAKLE
SOBRE EL CONSENTIMIENTO:**

Hablamos seriamente con Netflix sobre el episodio 6, cuando Daphne decide tomar la iniciativa con Simon. Obviamente, se abordó el tema del consentimiento y nos dijeron que si se quedaba tal cual, la serie llevaría la advertencia de «Violencia sexual» durante toda la temporada. Y así es en todos los episodios.

Sin embargo, ese era un momento crucial que ya estaba adaptado del libro para que resultara más comprensible desde el punto de vista de Daphne. En ese momento, está intentando descubrir la verdad, porque le han mentido. Al final, decidimos que aceptaríamos la advertencia porque necesitábamos incluir ese momento. Somos conscientes de que el consentimiento brilla por su ausencia en esa escena. Es el año 1813, así que en la vida real ni siquiera hablarían de eso, aunque la herida se produjera.

En el libro, Daphne emborracha a Simon, mientras que en nuestra versión, decide tomar la iniciativa sin darle opción a negarse. Quiere entender si le ha mentido al respecto. La idea de que lo emborrachara nos parecía más problemática; queríamos que ambos estuvieran sobrios.

La temporada social:
TAMBIÉN CONOCIDA COMO EL MERCADO MATRIMONIAL

HANNAH GREIG: En *Los Bridgerton*, la gente sabe quién es y lo que se espera de ella, sobre todo la alta sociedad.

Es difícil entender la presión que el mundo aristocrático impone tanto a hombres como a mujeres..., sobre todo a estas. Se las ha educado para que entiendan que solo tienen una temporada social, unos seis meses de bailes, para jugar sus cartas y conquistar al hombre con quien pasarán toda la vida. Y deben hacerlo bajo la mirada de sus «ambiciosas madres» y del resto de la sociedad. Si no consiguen un prometido, al año siguiente ya será viejas. Por eso Daphne está obsesionada con hacerlo bien. Es la primera de la familia en casarse, y un buen matrimonio asegurará el éxito de sus hermanas.

El espectador siente la tensión mientras se dirige con su madre al baile de lady Danbury, el primero de la temporada. Cada minuto cuenta para todas las debutantes. Llegan al mercado matrimonial en la última etapa de la adolescencia, pero si cumplen los veintisiete, la puerta se cierra y serán solteronas. La temporada social es emocionante, sí, pero Daphne necesita asegurar su valor conquistando a un buen partido. Sabe que ese es el camino para alcanzar todo su potencial y poder.

Aunque parezca restrictivo, debemos recordar que lograr un buen matrimonio era sinónimo de cierta libertad para las mujeres. Muchas vivían separadas de sus maridos, tenían amistades del sexo opuesto y podían ir adonde les apeteciera. Y, por supuesto, el mejor final para un matrimonio era que el marido rico muriese y dejara a un heredero joven, lo que significaba décadas de libertad absoluta para su viuda. Lady Trowbridge, con su hijo pequeño, es el ejemplo perfecto.

SHONDA Y BETSY SOBRE LA EXCENTRICIDAD DEL MERCADO MATRIMONIAL:

SHONDA: Es fácil pensar que algo como el mercado matrimonial es una reliquia de otra época y lugar, pero en muchos países todavía existe la cultura de las debutantes y listas de familias ilustres y con «pedigrí». No cabe duda de que hay familias que siguen obsesionadas con hacer matrimonios ventajosos. Y aunque no haya dotes, aún perdura la idea del matrimonio como forma de acumular poder y estatus social.

BETSY: Me parece una barbaridad. Sin embargo, podría decirse que equivale a evaluar a los posibles cónyuges fijándose en sus habilidades como progenitor y su potencial de ingresos, pero incluso consideramos esos aspectos como algo secundario, un añadido agradable y no esencial. El amor es lo primero. Lo contrario de lo que vemos en la alta sociedad de la Regencia, donde encontrar un cónyuge

que garantice tu seguridad económica es una cuestión estratégica. La felicidad no es un factor que considerar.

SHONDA: Este es el motivo por el que los libros de los Bridgerton y la familia en sí resultan tan atrayentes. Dentro de esa sociedad tan encorsetada por las obligaciones y los valores morales, ellos buscan el amor. Daphne no piensa siquiera en el rango social, quiere amistad y, aunque no sea capaz de expresarlo, quiere deseo. Daphne y Simon arden el uno por el otro en un mundo típicamente frío. Los matrimonios por amor son tan infrecuentes, que el suyo parece ser el único de la temporada. Anthony, por el contrario, solo quiere cumplir con su obligación y encontrar a su pareja. Hacer lo que se espera de él. Su madre es quien lo empuja hacia el amor.

BETSY: Tal vez porque nadie más vive en una familia que prioriza el amor, los demás participantes del mercado matrimonial no saben qué buscar. De ahí que seguir las reglas de la sociedad les parezca sensato, como si estuvieran tachando cosas de la lista de tareas pendientes. En cierto modo, entiendo que les resulte cómodo. Jess Brownell, que es guionista y productora, cree que el mercado matrimonial tiene sus ventajas: si alguien te saca a bailar dos veces, es que está interesado. Y cuando todos los ojos están pendientes del asunto, es imposible que un pretendiente deje de hacerte caso de la noche a la mañana. Si un hombre te demuestra interés, da la impresión de que se siente coaccionado para avanzar.

Anatomía de una escena
TEMPORADA 1: PRESENTACIÓN ANTE LA REINA

DIRECTORA: JULIE ANNE ROBINSON • EPISODIO: 101 «UN DIAMANTE DE PRIMERA»

«Con la gente que teníamos solo podíamos llenar la mitad del salón, así que utilizamos a las mismas personas dos veces: las colocamos en el otro lado y grabamos de nuevo».

—Will Hughes-Jones

CHRIS VAN DUSEN: La grabación de la presentación fue brutal. Todo el elenco estaba presente en el set, de blanco y con plumas por todos lados, en una localización preciosa: Wilton House, en Salisbury. Una de mis escenas preferidas de la serie es un plano en movimiento en el que seguimos a Daphne mientras camina hacia la reina y sus damas de compañía: un escuadrón de fusilamiento.

Allí está Golda, tan imperiosa. Juzgándolo todo. Tenía una imagen clara en la cabeza de cómo quería presentar a la reina y a sus damas de compañía en el estrado, y eso es importante para la escena por varios motivos, entre ellos porque es la presentación del personaje más poderoso de la serie.

Antes de rodar, estuve hablando a solas con Julie Anne Robinson y le enseñé un GIF animado del vídeo de «Formation» de Beyoncé. Le dije que eso era lo que tenía en mente mientras escribía la escena, porque transmite poder y una energía subyacente casi intimidante. Es una de mis escenas preferidas de la serie.

Notas y retoques

Shonda: Normalmente, mi trabajo consiste en crear una serie desde cero. Pero con *Los Bridgerton* adopté el papel de «superproductora» con un creador que es Chris Van Dusen, y me ha encantado. Chris y yo hablábamos sin parar sobre la serie antes de que hubiera escrito siquiera una sola palabra. Luego, mientras escribía, me enviaba preguntas o iba a verme para pedirme opinión sobre lo que iba a plantearle a los guionistas. Cuando los guiones estuvieron escritos, mi trabajo consistió en leerlos todos y tomar notas. Lo hacía en mi portátil en cualquier momento. Anotaba mis ideas en recuadros amarillos. A veces eran insignificantes, como cambios en los diálogos de lady Whistledown o en una frase de Violet para que aportara más claridad. Otras veces eran importantes, como la dirección de un episodio o de una escena.

En el episodio 1 cambié la escena del paseo por el parque de Daphne y Anthony. Sentía que Daphne necesitaba expresar las complejidades de su papel en la sociedad. Sabía que debíamos hacerlo así para entenderla y para que los espectadores del siglo XXI la respetaran. Porque una mujer tan entregada a «encontrar un hombre» no encajaba en Shondaland, donde las mujeres están empoderadas y son independientes. Así que debíamos mostrar que ella lo es, pero al estilo de la Regencia. Su poder y su independencia se basan en la libertad y en el estatus derivados del matrimonio. Algo que puede sonar extraño a nuestros oídos modernos. Pero así era. El mercado matrimonial era el centro de la vida femenina. Era un «lugar de trabajo», del mismo modo que un hospital o un bufete de abogados han sido lugares de trabajo tradicionales para nuestros personajes. Allí es donde encuentran sus éxitos y sus fracasos, donde ejercen su poder. Y quería que todo eso se transmitiera en un breve monólogo que Daphne pronuncia mientras pasea por el parque con su hermano.

Así que escribí: «¿Y qué pasa con mi deber? No tienes ni idea de lo que es ser una mujer. De lo que se siente cuando toda tu vida se reduce a un solo momento. He sido criada para esto. Esto es lo que soy. No tengo otro valor. Si no consigo encontrar un marido, no valdré nada».

También compartí otra idea más general sobre el episodio 1. Le dije a Chris que repasara el guion para dejar claro lo ingenuas que son las mujeres de la serie en cuanto al sexo. Teníamos que mostrarlo como un tema tabú, de ahí que nuestras jóvenes protagonistas carecieran de información al respecto. Quería asegurarme de que el público tuviera claro que tanto las reglas de ese mundo como la ignorancia en la que se sumía a las mujeres eran claves para su funcionamiento. Ese concepto es importantísimo para la trama principal. Si el público no comprendía que Dafne carecía de educación sexual, los puntos clave de su historia de amor con el duque no encajarían. Por eso Chris se esforzó en encontrar la forma de transmitir la inocencia de las jóvenes en materia reproductiva.

6.*

> *Solo a efectos de diálogo: «Si tu hermano quiere ser respetado y se le obedezca como lord Bridgerton, debería ACTUAR como lord Bridgerton». O algo parecido para dejar claro lo que quiere decir. ¿O queremos darle más importancia a esto? Violet está nerviosísima por el impacto que causará que Daphne se presente ante la reina sin su tutor legal.*

EXT. PRADO - DE DÍA

> *¿Hay un lacayo esperando? ¿Le dice algo a Anthony sobre la hora? ¿Por eso mira el reloj de bolsillo? Creo que sería divino que hubiera un lacayo y una doncella en algún sitio, obligados a esperar en el bosque mientras lo oyen todo.*

Vemos a un apasionado ANTHONY BRIDGERTON (28) con una amiga -- SIENA ROSSO (20 pocos) -- contra un árbol. Él tiene los pantalones bajados hasta los pies. Ella, las faldas subidas hasta la cintura. Anthony baja la cabeza para mirar el RELOJ DE BOLSILLO. Lo suelta, irritado. Mientras sus movimientos se aceleran, nos movemos…

EXT. MAYFAIR - DE DÍA

Mientras los caballos AVANZAN DESPACIO por las calles de principios del siglo XIX…

           LADY WHISTLEDOWN (voz en off)
    Puesto que hoy es el día en que las
    señoritas casaderas de Londres se
    presentan ante Su Majestad la reina...

Los CARRUAJES avanzan junto a grandiosos edificios: CARLTON HOUSE. PICCADILLY. BUCKINGHAM EN CONSTRUCCIÓN (todavía no el palacio de)

INT. DEL CARRUAJE DE LOS BRIDGERTON/EXT. MAYFAIR - DE DÍA

Mientras una sonriente Daphne contempla el precioso paisaje que van dejando atrás…

           LADY WHISTLEDOWN (voz en off)
    Un día muy esperado, en el que los
    sueños por fin se hacen realidad.
    Y la esperanza toma forma.

Una orgullosa Violet sonríe, junto a una emocionada Hyacinth, una comedida Francesca y Eloise, que está leyendo a lady Whistledown.

INT. CARRUAJE DE LOS FEATHERINGTON/EXT. MAYFAIR – DE DÍA

Mientras Prudence y Philipa se disputan el espacio en el asiento y una indiferente Penelope se toquetea la CINTA DEL PELO.

           LADY WHISTLEDOWN (voz en off)
    Y las vidas cambian de curso. Para
    mejor. O eso cabe esperar.

ALISON EAKLE: Shonda y Chris hablaban sobre enfoques distintos o partes del guion que había que retocar. Esa es la genialidad de Shonda: lo suyo es estructurar. También es muy quisquillosa con las normas de la época y conoce bien el género romántico, por lo que señaló escenas como el combate de boxeo de la primera temporada, al que inicialmente asistía Daphne con el príncipe para ver luchar a unos hombres semidesnudos, algo que en realidad habría arruinado a cualquier dama de la época. Sin embargo, como sus hermanos la acompañaban en su cita con el príncipe, los historiadores le dieron el visto bueno.

Shonda no reescribe nada, lo que hace es llenar los guiones de recuadros amarillos donde puede decir: «Este diálogo parece falso por esto...» o «Esta escena debería moverse a este sitio porque...». Y siempre tiene razón. Aunque soy capaz de ver lo que no le va a gustar, nunca anticipo su solución.

Netflix también nos dio buenos apuntes, algunos elementos que no podíamos tratar de forma narrativa o funcional, pero también ofrecieron consejos clave. Uno de sus comentarios alteró la serie para mejor de forma significativa. En el guion original, teníamos a Simon en el «Camino Oscuro» de los jardines de Vauxhall, con Siena. ¡Había abandonado el baile porque quería acción! Anthony, en un esfuerzo por deshacerse de Siena, les había tendido una trampa. Al final, cuando Simon aparece, saliendo a trompicones de la oscuridad, se está poniendo la chaqueta y descubre a Daphne dándole un puñetazo en la cara a Nigel. A Netflix no le gustó esa escena. Les pareció que era un error del personaje del que no se recuperaría. Por un lado estaba Siena, que parecía propiedad de Anthony (aunque en semejante circunstancia lo era) para regalarla cuando quisiera, y luego estaba Simon, comportándose como un mujeriego en yuxtaposición a la romántica escena del baile con Daphne. Les parecía demasiado. Y tenían toda la razón, porque habría sacado a la gente de la historia justo en el momento en el que se está iniciando algo increíble. Su propuesta fue que Simon abandonara el baile para escapar de las madres ambiciosas, y en el montaje final funciona.

«Shonda estaba convencida de que Chris sería capaz de canalizar su visión de la serie y pronto lo dejó claro. Una noche me llegó un mensaje a la bandeja de entrada, y me fui directa al sofá. De repente, me descubrí en un vídeo musical de la Regencia, volando sobre Mayfair. Aunque era algo preliminar, ya se percibían el tono y el ambiente de la serie. Era el prototipo perfecto para la temporada: picante, moderno y, sin embargo, lograba transmitir el mundo de la Regencia, de una forma muy distinta de como lo ha hecho cualquier otra versión de ese periodo».

—Alison Eakle

Anatomía de una escena
LA ESCENA DEL PARTO

DIRECTOR: ALEX PILLAI • EPISODIO: 203 «OBSESIONES»

BETSY BEERS: Una de las tramas más interesantes de la segunda temporada es la de Violet; cómo reconoce su culpabilidad en la situación con Anthony debido a la actitud que demostró tras la muerte de su marido. En términos de edición, esa situación fue importantísima. Teníamos tanto material para que Chris trabajara que era una tortura. Así que tuvimos que plantearnos hasta qué punto queríamos resaltarlo y acompañar a Violet en su trayectoria sin perder el ritmo de la historia. Al principio teníamos más momentos como el del salón en el que le dice a Anthony: «Ya entenderás por qué no puedo comer con la familia».

Shonda analizó esa parte del episodio y la escena que le resultó más importante, y que a mí también me encanta, fue la del parto. Porque transmite todo lo que hay que saber. Una mujer afligida que da a luz y se encuentra a las puertas de la muerte, sin influencia ni capacidad para decidir el destino de su vida o la del bebé. Y su primogénito, tan joven, inexperto y conmocionado, que entra en la habitación porque el médico quiere que tome esa decisión. Para mí, eso justifica todo lo que hace Violet. Después de eso, lo entiendes.

Una de las genialidades de Shonda (y de Chris) a la hora de narrar es que siempre entiendes el punto de vista de cada personaje. El público entiende por qué la gente hace lo que hace, o que al menos hace lo que hace por razones que considera importantísimas. Todos tenemos ideas preconcebidas sobre quiénes son las personas, y gran parte de lo que hacemos en Shondaland es darle la vuelta a esa mentalidad. Así que crees que Anthony es de una manera en la primera temporada, y luego lo ves en la segunda y toda tu percepción cambia. Te enfadas mucho con Violet, y luego descubres por lo que ha pasado. Siempre poblamos nuestro mundo con personas, no con héroes y villanos.

RUTH GEMMELL: No tengo hijos, así que no he dado a luz. Necesitaba sentir que físicamente entendía el proceso antes de añadir dolor a una escena. Así que contrataron a una comadrona increíble llamada Penny para que viniera a hablar y a trabajar conmigo. Nos llevaron a un hotel, y fue durante la pandemia, así que estaba vacío. Nos instalamos en el comedor, donde prácticamente pasé por todas las fases del parto. Si alguien hubiera entrado y hubiera pasado por delante, me habría oído gritar. Penny me ayudó a sentirme segura en el proceso físico del parto para poder centrarme en el dolor, porque el dolor es el eje de esa escena.

ALEX PILLAI: Rodé esa escena el día de mi cumpleaños, lo que me pareció muy apropiado, porque el trasfondo es la universalidad de la experiencia del parto para las mujeres, y para muchas mujeres de hoy en día, porque la tasa de mortalidad de las madres sigue siendo muy alta.

Fue una experiencia muy intensa. Por suerte, Ruth es una actriz muy generosa, y se dejó llevar; esa madre feroz que también está aterrorizada. Porque se encuentra en una situación de vida o muerte, para ella y para su bebé, y el médico espera que su hijo adolescente tome una decisión. Al final, Anthony no toma una decisión: se desentiende de ella.

También fue un gran reto técnico, porque fuera debía estar lloviendo, y no nos dieron permiso para crear esa lluvia artificial en el exterior del edificio (una construcción muy antigua) donde estábamos rodando en West Wickham. Así que tuvimos que simular el efecto, proyectando lo que parecía una tormenta en las ventanas para crear esa sensación de encontrarnos en un parto muy difícil.

JONATHAN BAILEY: Esos *flashbacks* al pasado fueron momentos de mucha ansiedad para mí. Dada la intensidad de las emociones, Ruth y yo reímos y lloramos mucho entre tomas. También resultó sorprendente vernos vestidos para aparentar diez años menos. La verdad, fue emocionante rodar esas escenas y ser Anthony en esos momentos en los que se hunde por el peso de sus responsabilidades, sin saber lo que está sintiendo además de la tristeza y el miedo.

SHONDA: La escena del parto del episodio 203 fue otro punto clave muy importante para mí. Rodamos mucho más de lo que acabó en el montaje final, pero quería que hubiera margen a la hora de editar. Sentía que necesitábamos mostrar a una Violet distinta durante ese parto tan difícil. No la quería frágil ni sollozando. Para mí es fuerte y valiente. Y quería que su dolor fuera fuerte y valiente. También tenía claro que es una guerrera, porque al fin y al cabo tiene ocho hijos. La situación no es nueva para ella y no puede estar asustada. Así que quería una escena donde mostrara su rabia y su poder al enfrentarse al peor parto de su vida. Vemos su ira ante la muerte y cómo controla su situación. Y también su enfado porque sean los hombres quienes tomen esas decisiones sobre las mujeres.

34.*

> *NOTA (escrita por mí): Hay que reescribir la escena de Violet dando a luz para que no parezca confundida sobre dónde está su marido o parezca apocada. Pero sobre todo para que se vea una mujer real. Es una madre feroz dando luz por OCTAVA vez. No es que no sepa hacerlo. Lo ha hecho MUCHAS VECES. Y puede que haya algo que no funcione. Quizá sea un parto de nalgas. Pero es capaz de lidiar también con eso y de gritarle al médico que meta la mano y saque al bebé. No es eso. Es que está ENFADADA. Está DOLIDA y FURIOSA porque el hombre con el que iba a envejecer la ha abandonado y la ha dejado sola. Es una Violet digna del personaje. Es la rabia de una mujer cuyo sueño no podrá cumplirse. No hay lloriqueos ñoños.*

Violet está en la cama, con las rodillas dobladas y cubierta por una sábana, gritando, mientras UN MÉDICO la reconoce. Las criadas están de pie, aterrorizadas. Anthony está rezagado.

              PARTERA
     Milady, debe esperar…

              VIOLET
     --¡Debo EMPUJAR!

El médico 1 se vuelve hacia Anthony, y dice en voz baja y seria:

              MÉDICO 1
     El niño no está en la posición correcta.

              ANTHONY
     ¿Qué significa eso?

              VIOLET
     ¿Qué está diciendo? ¿Qué está diciendo,
     Anthony? --

              MÉDICO 2
     --Siga respirando, milady.

Anthony no reacciona, sigue con los ojos como platos.

              VIOLET
         (a los médicos)
     ¿Qué pasa? QUIERO saber qué está pasando.

              MÉDICO 2
     Milady, viene en posición contraria.

              VIOLET
     ¿Mi bebé?

              ANTHONY
     Debe hacer algo.

                    MÉDICO 2
          No hay nada que --

                     VIOLET
          --¡META LA MANO Y SÁQUELO!

                    MÉDICO 1
               (a la partera)
          Necesita más láudano.

                     VIOLET
          ¡LO QUE NECESITO ES QUE ME SAQUE A
          ESTE NIÑO!

                     PARTERA
          Respire, milady, respire.

Mientras el médico 2 se pone a trabajar debajo de la sábana --

                    MÉDICO 2
               (a Violet)
          Tranquila, tranquila--

Violet suelta un CHILLIDO ANGUSTIOSO porque el médico 2 está
intentando recolocar al bebé. Anthony se da media vuelta porque lo
que está sucediendo lo aterroriza.

                    MÉDICO 2 (SIGUE)
          Ya. ¡YA!
               (Al instante)
          Es el momento de empujar…

                     VIOLET
          Yo… Yo… Anthony--

Le tiende la mano. Lo llama. Anthony tarda un segundo en correr
hacia la cama. Le aferra la mano. Violet suelta otro ALARIDO --

                    MÉDICO 2
          Empuje. Sí, ¡empuje! ¡Otra vez!

Otro alarido, otro empujón, Violet se ha aferrado a la mano de
Anthony que parece a punto de vomitar. Al final se oye el llanto de
un RECIÉN NACIDO. Mientras Violet se esfuerza por mantenerse
lúcida, los médicos y la partera hacen su trabajo --

                     PARTERA
          Es… una niña. Una niña sana.

La ferocidad de Violet disminuye. Y empieza a SOLLOZAR. Dejan a
HYACINTH, el bebé, en brazos de Anthony. ÉL la mira fijamente,
aturdido, y vuelve a mirar a Violet.

La creación de lady Whistledown

«A todo el mundo le gustan los secretos. Si no, ¿por qué iba a tener tanto éxito la columna de lady Whistledown?».

—Lady Danbury

JULIA QUINN: Recuerdo que al crear a lady Whistledown intenté evitar lo que los escritores llaman «vertido de información», que es esa necesidad de transmitir al lector en el primer capítulo todo lo que necesita saber sobre la época, el lugar y los protagonistas.

Por ejemplo, el lector debía saber que Daphne tiene siete hermanos, y que sus nombres siguen el orden alfabético; que su padre está muerto; y había que presentar a su madre. Es muy complicado y difícil hacerlo mediante diálogos y conversaciones, porque son cosas que nadie contaría en la vida real, en tiempo real.

Así que se me ocurrió que podía comenzar el libro con un extracto de una columna de cotilleos: un vertido de información tiene sentido en ese contexto, ya que es justo lo que pretende ser. De modo que escribí la primera columna, y tuvo sentido que Daphne y Violet hablaran de ella, y lady Whistledown despegó a partir de ese momento y no solo fue un recurso introductorio.

Escribí unos ocho capítulos y los dejé en el ordenador. Mi padre estaba de visita, y se sentó y lo leyó todo sin mi permiso. Le regañé, y replicó con la única frase que se puede usar cuando te pillan haciendo algo así: «¡Pero es que es buenísimo!». La verdad es que fue muy gracioso y fortuito, porque se quedó prendado de lady Whistledown y quiso conocer su identidad. En aquel entonces yo no tenía ni idea y no había pensado mucho al respecto, algo que mi padre no entendía, porque desde su punto de vista era una fuerza motriz en la narración.

Y así fue como llegó a ser tan importante. Al principio, solo era graciosa y sarcástica; un recurso para trasladar la información al lector de forma sencilla, pero ha llegado a representar mucho más: el poder del cotilleo y de la historia, la forma en que las mujeres se hicieron con el control de las situaciones en una sociedad restrictiva mediante la manipulación de lo que se veía y se informaba, y también el poder de las escritoras para ganarse la vida.

BETSY: Es divertido especular sobre en qué momento Penelope decidió arriesgarlo todo y levantar la pluma, buscar una imprenta y emprender un negocio que le otorgaría en un pispás tanto poder. ¿Lo pensó durante mucho tiempo o fue algo precipitado? ¿Fue una respuesta al descubrimiento de que tal vez necesitara una fuente de ingresos por culpa de su padre? Y una vez que empezó, ¿se arrepintió? Lo cierto es que se trata de un movimiento agresivo sin precedentes que conlleva un gran riesgo, aunque al parecer, siendo una mujer que se siente marginada e invisible para la sociedad, decidió que era un riesgo que merecía la pena correr. Quizá lo descubramos en las próximas temporadas.

REVISTA DE SOCIE

Lady Whistle

Gente Extraordinaria. Cotilleos

¿APOSTAMOS UN COTILLEO?

Querido lector, una pregunta: ¿hay algo más emocionante que apostar? Normalmente cuanto más altas son las apuestas, más se gana. Sin embargo, si se apuesta mal... el resultado puede ser el arrepentimiento. Claro que nunca se sabe si una apuesta conllevará una fortuna o la ruina. A menos que se busquen asuntos pocos arriesgados... Pero de todos es sabido que no hay nada tan emocionante como seguir una corazonada y arriesgarse.

No obstante, a medida que avanza la temporada, siguen sin aparecer los jugadores que apuestan fuerte. De manera que los cotilleos escasean. De hecho, a esta autora no se le ocurre nada que merezca la pena comentar. Así que habrá que sentarse a esperar su aparición. O a planear el siguiente evento social que ocasione tanto revuelo como para plasmarlo en tinta.

Es reseñable, eso sí, que los duques de Hastings siguen sin recibir visitas juntos. Los recién casados deben de estar disfrutando de la luna de miel. ¿Quién puede culparlos? ¿Quién va a

JESS BROWNELL: Cuando recibíamos un encargo de lady Whistledown, los guionistas sabíamos que nos llevaría algún tiempo, porque ella siempre añade algo, no se limita a comentar lo que ya se ha visto.

Es más inteligente, más ingeniosa y más perspicaz que todos los demás, y casi siempre recurre a algún tipo de metáfora, que trasciende de algún modo el periodo histórico. La metáfora siempre debía ser un comentario sobre todas las tramas.

Teníamos un objetivo claro: florido, mordaz e ingenioso, una descripción que podría aplicarse a Simon y a Daphne, o a Colin, o a cualquiera de los personajes, la verdad. Un ejemplo es la escena en la que Daphne se aprovecha de Simon, esa escena tan controvertida, después de descubrir cómo se hacen los niños, y que nosotros emparejamos con la noticia del embarazo de Marina. La voz en off de lady Whistledown en ese momento podría aplicarse a cualquiera de las dos mujeres.

```
            LADY WHISTLEDOWN (voz en off)
    Momentos desesperados requieren
    medidas desesperadas, pero apuesto a
    que muchos pensarán que sus actos se
    han extralimitado…
```

SHONDA: En los libros la revelación de la identidad de lady Whistledown sucede más tarde; y nosotros también íbamos a esperar. Incluso rodamos otra escena para despistar.

```
--Debería bajar del carruaje con la misma CAPA
que llevaba en la imprenta, pero… ¿¿CRESSIDA
COWPER??
                LADY WHISTLEDOWN (voz en off)
        Lady Whistledown
```

Cuando la cámara se aleja de la capa de lady Whistledown, vemos la cara de Cressida Cowper. Pero al ver la escena, no nos pareció interesante. Queríamos ver a Penelope y que el espectador descubriera el secreto un poco antes. Al revelarlo al final de la temporada 1, antes de que la alta sociedad lo descubra, podemos usarlo como recurso para crear tramas más adelante. En la temporada 2 descubrimos algo que nadie más sabe. Nos pareció que si esperábamos, nos perderíamos la oportunidad de disfrutar el secreto.

SHONDA SOBRE JULIE ANDREWS: Cuando Julie Andrews aceptó hacer la voz de lady Whistledown, casi me dio algo. Antes de pedírselo, trabajamos mucho en sus guiones para que tuvieran la calidad necesaria, para que fueran relevantes y perfectos; no puedes tener a Julie Andrews como lady Whistledown sin haber hecho antes el mejor trabajo posible. Dicho esto, luego bromeé y decía que no me imaginaba a Julie Andrews soltando palabrotas. En mi mente, siempre será Mary Poppins.

Estamos muy agradecidos de que aceptara. La conozco porque mi segunda película fue *Princesa por sorpresa 2*, en la que ella participó, pero le pedí a otra persona que le hiciera llegar la propuesta, porque supuse que estaba demasiado ocupada y me veía incapaz de soportar su rechazo. Cuando dijo que sí, me sentí eufórica. Puede que hasta llorara de alegría cuando oí por primera vez su voz en off.

JULIE ANDREWS SOBRE SER LA VOZ DE LADY WHISTLEDOWN:

Me encantó que Shonda Rhimes me invitara a unirme a la familia Bridgerton. Hace tiempo que soy una admiradora de su trabajo, y me pareció un proyecto divino a varios niveles. Al principio, la distancia me preocupaba. Dado que lady Whistledown es la narradora y nunca aparece en pantalla, mi trabajo consistió en grabar mi voz. Eso significó que no pude conocer a ninguno de mis compañeros en persona, pero las videollamadas ayudaron mucho, y la llegada de los guiones antes de las grabaciones me permitió ahondar en mi personaje y meterme en el papel.

Encontrar la voz de lady Whistledown fue mi prioridad. Resultó complicado, ya que conocía su verdadera identidad desde el principio, aunque los espectadores tuvieron que esperar hasta el último episodio de la temporada 1 para averiguarlo. Sabía que el personaje debía hablar como las clases altas, ya que autopublicaba esa columna semanal que todo el mundo lee con tanta avidez. Y aunque el público ya sabe que nuestra talentosa columnista es en realidad una chica joven, los personajes de la serie lo desconocen y es lógico que supongan que es una señora madura. Así que me decidí por proyectar madurez. Es irónico que los personajes de la serie lean las palabras de lady Whistledown, y que los espectadores solo pueden oírlas.

Al principio, narraba para escenas que ya estaban editadas (añadiendo mi voz sobre la historia), pero resultó un reto complicado porque mis palabras debían encajar con el ritmo de cada escena, y no tenía espacio para extenderme o añadir sutilezas. Con el tiempo, he podido grabar pistas con antelación a mi propio ritmo y, para mi sorpresa, han sido bien recibidas y apenas se han retocado.

Antes de cada grabación me repito la frase: «Mi nombre es lady Whistledown...», que son las primeras palabras que grabé para el papel. Una vez que encuentro esa voz, soy capaz de adoptar la cadencia correcta para cada episodio. En la vida real hablo con bastante rapidez, pero para esta narración descubrí que debía pisar el freno y asegurarme de que cada palabra se pronunciaba con claridad, no solo para que se me entendiera, sino para transmitir a los lectores de mi columna la transparencia y el peso de mis palabras escritas.

Poco después de que empezáramos a grabar la temporada 1, nos golpeó la pandemia y fue imposible acceder a un estudio de grabación. Por suerte, me salvó mi nieto mayor, Sam. Vivimos cerca y resulta que es un excelente ingeniero de grabación. En muy poco tiempo, creó un pequeño estudio en uno de los armarios de mi habitación de invitados. El acolchado para el sonido consiste en varias mantas y almohadas. Entre el equipo de Sam y las llamadas de Zoom que me conectan con los ingenieros y el equipo de producción a distancia, me las he arreglado para continuar el viaje de lady Whistledown desde mi propia casa.

Sam y yo nos lo pasamos muy bien grabando juntos. Nos reímos de lo raro que es todo, pero a mí me encanta que las extrañas circunstancias hayan permitido que abuela y nieto trabajen codo con codo... pasándoselo en grande.

CHRIS VAN DUSEN: Grabamos toda la voz en off de Julie después de terminar el rodaje de la temporada 1, y como fue en plena pandemia, lo hicimos a distancia. Ella estaba en un estudio en Long Island, y Tom Verica y yo estábamos en Los Ángeles, haciendo una videollamada de Zoom.

TOM VERICA: Mientras editábamos los episodios, nos comunicábamos por videollamada con Julie Andrews, que le ponía la voz a lady Whistledown. No hay mucha gente que me intimide, en el sentido de «¡Mira quién es!», pero Julie Andrews es un icono y tiene una presencia increíble. Y un gran sentido del humor, así que se divirtió mucho con lo que le pedimos que hiciera. Además de mostrarse muy franca con sus opiniones, algo muy refrescante.

En vez de limitarse a leer la página, quería entender el contexto, así que la guiaba por las escenas y los episodios, por lo que había sucedido y lo que estaba en juego. Se interesaba mucho por lo que estaba ocurriendo en cada momento y por lo que queríamos conseguir. Quería exprimir al máximo el guion y el personaje.

> «Lady Whistledown nos permitió explorar el poder de la palabra escrita. Es el tabloide de la Regencia, y vemos cómo influye en la opinión pública y cómo cambia el curso de los acontecimientos, tal como sucede hoy con las redes sociales».
>
> —Chris Van Dusen

REALISMO DE REGENCIA

El poder del cotilleo

**HANNAH GREIG SOBRE EL PRECEDENTE
HISTÓRICO DE LADY WHISTLEDOWN:**

Julia Quinn habla de la creación de lady Whistledown como un recurso literario, una manera de transmitir información en los libros, pero elegirla como narradora fue una decisión (brillante e) históricamente apropiada, porque en el Londres de la Regencia se publicaban muchos folletines de cotilleos desde 1770.

Hay folletines similares a la Revista de sociedad de lady Whistledown que sobreviven en bibliotecas y en ellos se describen detalles de la vida privada de la gente. Era cierto que destrozaban las reputaciones de los miembros de la alta sociedad. Revelaban lo que antes se escondía tras las puertas cerradas. Se comentaban las actividades diarias de la gente como fuente de entretenimiento, tal como hacemos hoy en día.

Es difícil identificar a los autores de esos folletines de cotilleos. Muchos usaban pseudónimos. Pero hay muchas evidencias que demuestran que las autoras de estos folletines y otras obras eran mujeres, muchas con título o aristócratas como Penelope. La mayor diferencia entre la Revista de sociedad de lady Whistledown y los verdaderos folletines de cotilleos de la época es el uso de los nombres completos (algo que Quinn también deja claro). Históricamente, solo se usarían las iniciales o alguna descripción, nunca el nombre completo, para eludir el delito de calumnia y difamación. Pero las pistas eran fáciles de resolver. Cualquiera que se mantuviera al día de las idas y venidas de la alta sociedad sabría de quién se estaba hablando.

Escribir cotilleos era arriesgado para las mujeres, pero también emocionante, porque era una oportunidad de crear un negocio real. Al igual que con los periódicos o las revistas, había que pagar para leerlos. Lady Whistledown está basada en la Sra. Crackenthorpe, la escritora con seudónimo del *Female Tatler*, que era una guía de cotilleos de Londres que se publicaba en 1710. No se conoce la verdadera identidad de la escritora, aunque hay muchas especulaciones.

Sin embargo, sería un error sugerir que escribir cotilleos escandalosos era una manera de hacer fortuna en el Londres de la Regencia. Al igual que hoy, era difícil ganarse la vida escribiendo, aunque fueran superventas. Pero aunque no se ganara mucho dinero, escribir otorgaba poder. Tal como asegura el dicho, la pluma a veces es más poderosa que la espada. La reputación y el destino de la gente dependían de lo que se imprimía. Lo vemos en las novelas y en la serie, en la forma en que Violet, lady Danbury, Simon y Daphne manipulan a lady Whistledown para que «vea» e informe de lo que quieren.

Al fin y al cabo, no hacía falta mucho para que la gente empezara a darle a la lengua. Creo que el concepto del escándalo es algo repetitivo a lo largo de la historia. Aunque hoy no sería escandaloso estar a solas en el jardín con el duque de Hastings, a la gente todavía le interesa ver a dos famosos juntos: siempre habrá especulaciones sobre su relación y lo que hacen. ¡Por mucho que cambie el mundo, algunas cosas siguen igual!

«Los Bridgerton *no era una serie habitual; de hecho, no se parece a ninguna otra serie que se haya hecho. Tuvimos que crear y diseñar un mundo completamente diferente, para reimaginar el periodo de la Regencia de una forma que no se había visto antes. Shondaland no quería una lección de historia; quería algo nuevo».*

—Ellen Mirojnick, Diseñadora de vestuario

LA CONTRATACIÓN DEL MUNDO

Decisiones cruciales

Betsy Beers: Al principio, a Netflix le costaba entender por qué nos gastábamos tanto dinero en el vestuario. Pero estábamos convencidos de que íbamos a crear un estilo totalmente nuevo que no podríamos encontrar en ninguna empresa de alquiler de trajes de época. Queríamos que fuera un mundo brillante y colorido, y sabíamos que no podríamos encontrarlo ya hecho. Al final les dijimos que el vestuario era importante para nosotros, y que ahorraríamos en otros aspectos, porque creíamos que debíamos invertir en los elementos visuales, que serían fundamentales para mantener la cohesión del mundo.

Ellen Mirojnick fue la primera persona a la que contratamos. Es una amiga, y ya habíamos trabajado con ella en algunas de nuestras series, así que sabíamos que interpretaría la época de una forma muy fresca. Ayudó a Chris a establecer la paleta de colores y a conformar la visión del mundo, sobre todo con sus toques de modernidad. Queríamos asegurarnos de que, aunque al ver la serie se supiera que estábamos en la Regencia, quedara patente la sensación de estar viendo un mundo actual. Aunque no se sepa explicar, está ahí: en esa chaquetilla de estilo Chanel o en ese vestido que te encantaría ponerte.

Así que, ya fuera en el vestuario, en los sets de grabación, en las acotaciones o en la música, siempre hay un elemento bastante evidente que nos recuerda la mentalidad contemporánea. La serie parece real y fantasiosa a la vez, y en eso influyen todos los aspectos de la producción.

¡CUANTO MÁS BRILLE, MEJOR!

HANNAH GREIG SOBRE LOS EXCESOS EN LA INGLATERRA DE LA REGENCIA

La mentalidad de los líderes europeos de la época, incluyendo a Napoleón en Francia, los alentaba a eclipsar a los demás. Si algo podía adornarse con diamantes (ya fueran espadas o bastones), se adornaba. Si había productos y tejidos exóticos que comprar, querían ser los primeros en tenerlos. En *Los Bridgerton* hay una pequeña referencia a este hecho, cuando Jorge III habla con la reina Carlota, durante su breve periodo de lucidez, sobre los canguros que importaron en su día.

En 1821, tras la muerte de su padre, Jorge IV (hijo de nuestra querida reina Carlota) organizó una coronación muy ostentosa, que costó 230.000 libras, lo que equivale a 115.000.000 de libras. Ordenó hacer una corona nueva con doce mil diamantes. Construyó lujosos palacios y adquirió una enorme cantidad de obras de arte, oro y diamantes.

Aunque los excesos no estaban relegados solo a la realeza. La alta sociedad gastaba de forma competitiva. Eso allanó el camino para lo que sucedió cincuenta o sesenta años después, durante el periodo victoriano, que fue muy, muy diferente y casi una respuesta directa a la Inglaterra de la Regencia. Fue un periodo marcado por la austeridad, la aversión al escándalo y el comedimiento en todo.

COSTUME DESIGNER ELLEN MIROJNICK:

Dado que éramos los primeros en la producción, nuestro equipo se encargó de establecer la atmósfera y la paleta de colores de la serie, algo muy emocionante. Chris Van Dusen quería un universo sin bonetes: una fantasía romántica imaginativa, inspiradora, aspiracional y seductora que conectase con un público moderno. *Los Bridgerton* no se parecería a ninguna serie que se hubiera hecho antes. Shondaland no quería una lección de historia; quería algo nuevo.

Hicimos un estudio exhaustivo de la época para entender qué elementos queríamos conservar, ya fueran los colores, la confección, las guarniciones o la silueta. Sabíamos que necesitábamos muchos guiños a la Regencia, aunque creáramos un mundo del que cualquier persona quisiera formar parte. Mi mayor tarea fue volver del revés el concepto de la época, no para destrozarlo, sino para mejorarlo.

Cuando empezamos, no contábamos con los guiones, pero teníamos un esquema básico de lo que nos esperaba. Lo primero fue reunir un equipo de primera, lo que nos llevó más o menos un mes. Dado que íbamos a crear un estilo totalmente nuevo, tuvimos que confeccionarlo todo. Todo. Por suerte, contaba con John Glaser, John Norster y Ken Crouch, que organizaron el grupo y facilitaron mucho el trabajo que teníamos por delante.

Contábamos con una persona que se encargaba exclusivamente de comprar las telas que necesitábamos, ¡camiones enteros! Recurrimos a todos los vendedores de Nueva York, Londres, Florencia, Roma o Madrid, y compramos por todo el mundo las mejores telas. Necesitábamos sedas, satenes, damascos y telas bordadas: un universo donde elegir. Buscamos telas sencillas, telas de fantasía, telas brillantes y telas raras.

En nuestra fábrica de Londres el grupo que nos esperaba era extraordinario. Cortaban, bordaban y guarnecían lo que comprábamos y lo unían para crear tejidos totalmente nuevos. Fue muy divertido romper las reglas, y también fue sorprendente la rapidez con la que todos nos adaptamos. Las mujeres con las que trabajamos tienen un talento exquisito para trabajar con la ropa de época (conocen todos los elementos que componen una prenda histórica), pero les pedí que lo olvidaran todo y crearan algo diferente. La verdad, no sabíamos cómo iba a salir. Podía ser fantástico o un desastre. Estoy encantada de que haya sido lo primero.

Betsy Beers sobre la localización y la construcción del mundo:

Uno de los primeros pasos fue decidir las localizaciones; lo ideal era grabar todo lo posible en Londres mientras nos desplazábamos a esas increíbles propiedades. Buscamos por todo el país y nos decidimos a grabar gran parte de la temporada 1 en Bath, porque la arquitectura de la Regencia está muy bien conservada.

La productora de la temporada 1, Sarada McDermott, nos planteó un rompecabezas. Y es que hay muchas localizaciones preciosas, pero no están en las mismas zonas. Miramos en Liverpool y en Greenwich, miramos en todas partes, pero dada la complejidad de transportar el numeroso equipo por toda Inglaterra, tuvimos que reducirlo a unas cuantas. Además necesitábamos localizaciones que nos sirvieran para distintos lugares, porque hay muchas escenas que suceden de forma tangencial, como el Camino Oscuro de la temporada 1 o la terraza del jardín con Daphne y Simon. Era un rompecabezas en toda regla.

Cuando contratamos a Will Hughes-Jones, sabíamos que necesitábamos a la persona adecuada desde el punto de vista estético, pero también que poseyera una gran inventiva para captar la amplitud del mundo sin destrozar el presupuesto... y sin destrozarnos las espaldas por los continuos viajes de una punta del país a la otra. Una vez decididas las localizaciones clave, Chris, Sarada, Will y yo nos sentamos y trabajamos para dar con la mejor manera de utilizarlas y maximizarlas.

Necesitábamos un espacio magnífico y bonito, pero también acogedor, donde el espectador se sintiera como si estuviera en la casa de una familia muy feliz. Queríamos ver a todos esos Bridgerton bajando la escalinata. En un libro de Charles Dickens hay una frase que dice: «No los educaron, crecieron dando tumbos» y nunca la he olvidado. Queríamos transmitir la idea de ese montón de hermanos corriendo por la casa, ese caos tan agradable y precioso. Así inauguramos la serie. Y esa imagen se yuxtapone al vestíbulo de los Featherington, una mansión exquisita, ideal, decorada sin pensar en la comodidad ni en que resulte acogedora.

También pensamos mucho en los comedores, porque teníamos esas maravillosas cenas que expresan muy bien cómo es la familia Bridgerton: los platos que se pasan, las peras que se tiran, un Benedict drogado en la temporada 2. Lo hicimos a propósito para que contrastara con Daphne y Simon en Hastings, cuando están sentados a kilómetros de distancia, o con el tono de la cena con los padres de Mary en la temporada 2. Los comedores parecían críticos: la imagen que cada familia ofrece en ellos era clave para la narrativa.

WILL HUGHES-JONES, DISEÑADOR DE PRODUCCIÓN:

Me hablaron de *Los Bridgerton* durante una videollamada con Chris Van Dusen, Sara Fischer y Betsy Beers. Entonces hablar así era algo novedoso y me resultó rarísimo. Normalmente, me sentaba al lado de alguien y le enseñaba mis propuestas. Durante esa conversación, deduje lo que Chris quería que fuera el proyecto y lo que no quería. Resumiendo, que no era la típica serie de época. Le dije que mis propuestas no encajaban del todo y le pedí una hora para corregir los detalles. Cuando lo preparé, se lo envié por correo electrónico y, diez minutos más tarde, recibí una llamada de Sarada McDermott para decirme que lo había clavado y que les encantaría que lo hiciera.

Y así empezó la enorme montaña rusa. Creo que no éramos conscientes de lo que estábamos haciendo. De lo contrario, ¡muchos habrían salido espantados! Si hubiera sabido las flores que íbamos a necesitar, me lo habría pensado mejor. Y los bailes. No estaba preparado para todos los bailes, flores y tartas descomunales que tendríamos que hacer. Cuando entras en el almacén de atrezo y ves las flores artificiales que tenemos, te quedas boquiabierto.

Betsy: También necesitábamos animar nuestro mundo de la Regencia, en el que la gente se comportaba de una manera diferente y además pasaba gran parte de su tiempo de ocio bailando; Jack Murphy, nuestro director de coreografía, plasmó de forma magnífica la época dándole un toque moderno muy sutil.

JACK MURPHY, COREÓGRAFO: En abril de 2019, me reuní con Betsy, Chris, Sara, Sarada y Julie Anne Robinson en el hotel Bloomsbury. Julie Anne me dijo: «Imagina que no sé nada sobre los bailes de la Regencia, ¿cómo me lo explicarías?». Así que le dije: «Arriba», la puse en pie y empezamos a bailar. Fue maravilloso. Chris quería saber cómo iba a modernizarlo, así que invité a Julie Anne a bailar de nuevo.

Sabían lo que querían. Fueron muy claros y tenían una visión increíble. Fuimos al grano, no hubo faroles ni sentimentalismo. Tuve la impresión de que había salido bien, y mientras Sarada me acompañaba a la salida le dije: «Ha sido fantástico. Aunque no consiga el trabajo, me da igual porque esto ha sido enriquecedor». Sabía que si estaba destinado a participar en el proyecto, lo conseguiría. Así que cuando recibí la llamada de Sarada diez días después, casi me había olvidado del tema. Una vez terminada la entrevista, pasé página, así que me quedé mudo por la sorpresa de conseguir el trabajo.

**BETSY BEERS SOBRE
LA ELECCIÓN INMEDIATA
DE JULIE ANNE ROBINSON:**

Fue fácil elegir a Julie Anne Robinson como directora del episodio piloto. Ha trabajado con nosotros durante mucho tiempo, desde las primeras temporadas de *Anatomía de Grey*. Es un encanto y todos hemos trabajado con ella. Nos enfrentábamos a cuestiones logísticas que no habíamos tratado antes, como el rodaje de una serie en Inglaterra mientras estábamos sentados en Los Ángeles. Y además de tener un talento increíble, da la casualidad de que Julie Anne es británica. Conoce el país, a sus gentes y sus costumbres. Porque no solo hay diferencias culturales; técnicamente se trabaja de otra manera y los set de grabación se gestionan de forma distinta; por ejemplo, en Gran Bretaña no hay horas extras.

Aunque quizá lo más importante es que es una de las pocas personas que hemos encontrado a la que se le da igual de bien la comedia que el drama. Lo tenía todo. Así que la convencí de que lo hiciera (¡se lo puse muy bonito y muy fácil!) y luego Chris, Alison, Shonda y yo tuvimos una larga charla con ella sobre cómo iba a plantear el mundo.

Por suerte, contábamos con un grupo de actores británicos de enorme paciencia que estaban dispuestos a rodar todas las escenas de las localizaciones exteriores antes de hacer los interiores. Y por suerte, Julie Anne también demostró una paciencia increíble, porque los directores están acostumbrados a terminar un episodio antes de pasar al siguiente. Pero Julie Anne se dejó llevar. Y aunque le pedimos que hiciera el episodio 6 para que el equipo de vestuario se pusiera al día en vez de hacer el episodio 2, que habría sido lo normal, nos gustó mucho la idea de que lo hiciera ella, ya que la conexión era fuerte. Era importante que los actores trabajaran con alguien con quien ya se sintieran cómodos, en vez de empezar de cero con un nuevo director.

JULIE ANNE ROBINSON, DIRECTORA:

En televisión, el director que se encarga del primer episodio de una serie marca el tono del resto de la temporada. Me encanta hacer episodios piloto, es mi especialidad. Porque tomas muchas decisiones clave: la música para los bailes, la energía de los actores, el aspecto de la serie.

En teoría, configuras la serie, aunque con Shondaland todo el mundo tiene mucha libertad. Hay ciertas cosas que no cambian, como el vestuario o los decorados, pero todo se decidió con la colaboración de los dis-

«Cuando Shondaland me propuso *Los Bridgerton*, no me interesaba aceptar un proyecto inmediato porque acababa de rodar un piloto y estaba cansada. Pero Betsy me llamó y me dijo: "Deberías ver esto". Como la adoro, cedí y leí el guion. Debo añadir que mi madre compró una tele nueva para ver *Los Bridgerton*, y que era la serie preferida de su mejor amiga, que es una monja de ochenta años. No digo más».

—Julie Anne Robinson

tintos equipos. ¿Cómo serán los peinados y el vestuario? ¿Qué silla usamos? ¿De qué color son las paredes? ¿Qué tono buscamos en las escenas íntimas? Son decisiones que resulta difícil cambiar según avanza la serie, aunque cada director se enfrente a su episodio como si fuera una película. Cuando ves la serie, se distingue el estilo y la sensibilidad de cada director, aunque todos los episodios siguen formando parte de ese mundo que se estableció en el piloto.

La otra ventaja del piloto es que tienes mucho más tiempo, porque participas en la preparación y planificación de la serie, incluida la preproducción. Es como un rompecabezas que voy montando sobre la marcha. Todo está en mi cabeza, o en el papel, o en los guiones gráficos, y a medida que avanzo, espero que no se me pierda ninguna pieza crucial. Pero lo principal es llevar un plan. ¡En una producción de esta envergadura y complejidad, no se puede improvisar!

Betsy: Sería una negligencia no mencionar a Tom Verica, un director de producción que desempeña un gran papel en Shondaland, supervisando la dirección de todas las series. Ejerce de tejido conectivo que asegura que todos los demás directores tengan lo que necesitan para aportar su propia visión creativa sin alejarse de la línea conductora de la serie.

TOM VERICA, DIRECTOR Y PRODUCTOR:
Llegué a la temporada 1 de *Los Bridgerton* como director, y en mitad de la serie, me ofrecieron la oportunidad de ampliar mi puesto en Shondaland y convertirme en asesor. No sé si intenté dirigir una novela romántica exactamente, pero conocer a Chris y a Shonda y al equipo, y sumergirme en un mundo desconocido (actores británicos en otro país en una serie de época) me resultó muy atractivo. Me rejuveneció en muchos sentidos. Había dirigido *For the People* para Shondaland, así que Regé y yo ya nos conocíamos, lo que facilitó mucho las cosas. Verlo en otro contexto, actuando en Londres, fue muy emocionante, y creo que eso se reflejó en la pantalla.

Cuando volvimos para la temporada 2, yo ya había asumido mi nuevo puesto: trabajaba con todos los directores y llevaba el control de toda la preparación de la serie. Me convertí en responsable de la totalidad del proyecto. En cierto modo, es similar a lo que hace Chris: él controla todo lo referente a la historia, y yo intervengo desde el punto de vista visual y del tono. Animamos a que todos nuestros directores aporten su voz, pero si algo resulta chocante y excede los límites, lo reconduzco. Chris y yo trabajamos estrechamente para encontrar el pegamento y unirlo todo. Y como estoy en sincronía con Shonda, sé lo que le gusta y lo que es importante; tenemos una especie de conexión telepática. Le comunico lo que ella quiere a cualquier departamento que necesite oírlo, algo fundamental para mantener una serie encarrilada a medida que evoluciona.

«*Como directora de casting, tienes la oportunidad de abrir una puerta y presentar una perspectiva diferente, que pueda crear incluso una nueva narrativa*».

—Kelly Valentine Hendry, Directora de casting

3
LA DEFINICIÓN DE LA ALTA SOCIEDAD

Reparto

BETSY BEERS: En Shondaland, tenemos la tradición de presentar nuevos actores al mundo. No nos interesa un público que venga en masa porque siga a alguien. Así que desde luego que no construimos el mundo de *Los Bridgerton* en torno a un actor principal específico. Evidentemente, queríamos elegir a las personas adecuadas, pero también queríamos integrar (y no va con segundas), la historia de, por ejemplo, Simon y lady Danbury, y el concepto de ese título ganado con tanto esfuerzo que podían arrebatarte en cualquier momento, y lo mucho que la gente luchaba por mantener su posición en la sociedad. Eso nos pareció muy real y moderno, pero también habitual en aquella época. En un momento determinado, quedó más que patente que el mundo tenía que ser consciente del color, no ajeno a él, y que sería inclusivo..., algo que seguramente fue. Se han borrado muchas cosas de la historia que empezamos a descubrir ahora. La cantidad de talento que nunca llegó a los libros de historia es asombrosa.

HANNAH GREIG: A menudo, cuando miramos al pasado, nos planteamos una serie de preguntas concretas (quién estaba en el poder, quién se casó con quién, quién tenía estatus o fama), y de esa manera se excluyen y se borran de la historia amplios grupos de personas. Siempre es importante recordar que las historias del pasado no son sencillas ni simples: son complicadas, ricas y complejas. Un ejemplo de ello es que nunca hemos visto a personas no caucásicas en series de época, lo que nos ha llevado a creer que dichas personas no existían en la Inglaterra de la Regencia. Eso no es cierto. Tenemos que contar historias sobre el pasado que cuenten una versión más completa y precisa de la verdad.

KELLY VALENTINE HENDRY, DIRECTORA DE CASTING:

Shondaland nos dio carta blanca cuando empezamos a imaginar y a reunir el elenco de actores, buscando en todos y cada uno de los rincones imaginables en cuanto a formación y a capacidad. Gran parte del elenco era nuevo para el público mundial, pero conocido del teatro aquí en el Reino Unido.

Vimos a cientos de actores para la serie y, al final, presentamos entre cinco y doce opciones para cada personaje. Algunos se eligieron directamente de grabaciones (Nicola Coughlan y Claudia Jessie), mientras que otros hicieron una prueba de guion, de química y demás. Para personajes como Daphne o lady Featherington, que están en el centro de tantas dinámicas y relaciones, acertar era fundamental.

Además, el proceso fue fascinante, porque no teníamos guiones completos: les enviábamos a los actores una o dos páginas de diálogo, y ellos tenían que trabajar con eso para imaginar todo el espectro de quién era ese personaje. Interpretar solo con eso es una hazaña, pero no adherirse demasiado a lo escrito resulta agradable. Eso les permite imaginar al personaje sin muchas ideas preconcebidas sobre su línea argumental.

Otra de las características de Shondaland es que solo contratamos a buenas personas. Parece trillado, pero todo el reparto trabaja muy duro y hace que el grupo sea incluso mejor. Son como una familia que permanecerá unida varias temporadas: tienen que quererse de verdad.

«*Para ser sincera, la química es una victoria enorme y totalmente accidental*».

—Kelly Valentine Hendry

LAS
MATRIARCAS

LA REINA CARLOTA

«Deseo estar entretenida».

SHONDA: Estoy obsesionada con la reina Carlota, rayando lo malsano. En nuestro mundo de *Los Bridgerton*, era la Beyoncé de la época: feroz, fabulosa, impredecible, rara. Es una criatura fascinante. De hecho, quiero ser como ella, sobre todo con las pelucas. Le dije a los de marketing que si hacen las pelucas, me pondré una todos los días.

BETSY: No me extraña, ¡pero pesaban muchísimo! Recuerda que Golda necesitaba un soporte fuera del set de grabación para poder descansar la espalda. En cierto sentido, esas pesadas pelucas eran la metáfora perfecta de la reina Carlota: una presencia exagerada, que aun así sufría tras la fachada. Una libertad absoluta y mucho poder, aunque estaba doblemente encorsetada.

SHONDA: Ajá, y buscaba diversión y alivio de su tristeza en los escándalos sociales, orquestando matrimonios, haciendo travesuras, maniobrando a través de los chismes e intentando descubrir la identidad de lady Whistledown. Es un equilibrio muy interesante. He aquí una mujer que tiene todo lo que podría desear, pero se aburre mientras su marido se sume en la locura. ¿Qué se supone que debe hacer con su tiempo? Es una mujer con peso, y un poder inimaginable, que aún está encerrada. Está en una jaula de oro.

BETSY: Históricamente, se habla a menudo de la locura del rey Jorge, pero nunca se habla de la reina Carlota. Eso nos ofreció una oportunidad muy interesante.

SHONDA: No aparece en los libros de Julia Quinn, pero la convertimos en un personaje clave en *Los Bridgerton*. Aunque la

reina es un arquetipo, una representante, no es unidimensional: no solo es la mujer más poderosa del país, sino también una de las más complejas, tanto entre bambalinas como en sus relaciones y en la forma en la que se muestra al mundo. No solo dirige la Inglaterra de Regencia, sino que la está cambiando y conformando.

KELLY Valentine Hendry: Algunos historiadores sugieren que la reina Carlota era mulata; sin duda alguna íbamos a elegir a una actriz negra, algo muy emocionante, porque en las series de época, sobre todo en el Reino Unido, nunca se ha hecho.

BETSY: Necesitábamos a alguien para interpretar a la reina Carlota que impactara mucho. Sabíamos que conseguir a la reina adecuada iba a ser dificilísimo, porque necesitábamos a alguien con una enorme presencia. A una actriz a la que fuera divertido ver y que a su vez diera el miedo suficiente como para tomarla en serio.

SHONDA: Nos alegramos mucho al saber que Golda estaba disponible y dispuesta a hacerlo. Nos encantó su audición. Pero teníamos que hacerla mítica. Estaba cambiado el curso de la sociedad: debía ser todo lo grande que pudiera en cuanto a tamaño. Algunas de las pelucas eran 3, 4 o 5 juntas; sus vestidos eran enormes. Es maravillosa, gloriosa.

KELLY: Golda Rosheuvel fue la reina Carlota nada más entrar. Aunque no es de sorprender, porque no hay nadie más fabuloso que Golda. A veces, cuando lees el guion con los actores durante las audiciones, ves que las interpretaciones son parecidas: se enfrentan al personaje de la misma manera. Pero Golda fue única; su reina Carlota fue invención propia, y eso vemos en la serie. Es imposible imaginar a otra reina Carlota.

GOLDA SOBRE LA REINA CARLOTA:
Me sentí muy afortunada porque hubieran escrito a una reina Carlota tan redonda: no solo le importa la diversión, el glamour, las fiestas, los chismes y los escándalos. También tiene que lidiar con la pérdida de su marido por culpa de su enfermedad mental. Es real, profunda y auténtica.

Algo importante por lo que representa. Un personaje como la reina Carlota expone la belleza de la humanidad..., el hecho de que todos somos, sin importar etnia o clase, capaces de sufrir. Que todos somos capaces de amar, de odiar, de llorar, de reír, de frustrarnos y de necesitar. Es raro decirlo, pero

Los Bridgerton muestran que las personas negras y de otras etnias existen y aman igual que las personas blancas, incluso los de sangre real.

Hay una jerarquía en este mundo, claro, pero entre todas las mujeres hay un vínculo real que ojalá fuera palpable. Ojalá los espectadores hayan sentido que estaban conectadas emocionalmente en una especie de sororidad dentro de una sociedad muy limitante en cuanto a la forma de ostentar su poder.

Construí su personaje a través de mi relación con lady Danbury, Violet e incluso lady Featherington. Sabía quién era en ese contexto. También tenía la impresión de conocer a la reina Carlota porque, por primera vez, estaba interpretando a mi madre. Soy mulata. Mi padre era negro y guayanés, y mi madre era blanca y británica. Mi madre era muy elegante y tenía un porte increíble. Antes de la guerra, tenía una niñera y su familia, mayordomos. Mi abuelo era el director de un colegio privado muy caro. Así que mi madre era muy privilegiada, y en el papel de reina Carlota pude recurrir a su herencia y usarla para interpretar a esta poderosa, guapa y generosa matriarca. Era la primera vez que tenía la sensación de que podía ser como ella de verdad mientras actuaba. Murió en 2020 y no llegó a ver *Los Bridgerton*, pero me vio con la ropa de la reina Carlota en fotos. Agradezco muchísimo que pudiera hacerlo, porque se reconoció en mí y en la reina. Mi madre se veía como parte de una herencia, una familia y una cultura complicadas, pero también como alguien que hacía algo nuevo e inesperado. No tomó las decisiones habituales, como tampoco lo hizo la reina.

LADY DANBURY

«Pues excusas no aceptadas».

SHONDA: Lady Danbury parece que es la única mujer libre de la estancia..., y en cierto modo, creo que lo es.

BETSY: Me encanta la broma recurrente de los libros, esa de que te casas con alguien y te hacen el favor de morirse. Suena fatal, pero en cierto sentido, era lo necesario para libertarte.

SHONDA: Es una idea muy potente: una mujer en la Inglaterra de Regencia solo era libre cuando moría el hombre al que estaba atada. Es una transición esencial para ella a fin de recuperar su dinero y su poder, porque en cierto modo, las mujeres no pueden tener el amor y el poder al mismo tiempo.

BETSY: Una cosa es recuperar tu poder..., y otra muy distinta usarlo, otro motivo por el que es fascinante ver a lady Danbury. Es una maestra del juego; sabe cómo manejar a los demás para conseguir lo que desea, para que hagan lo que ella cree que deben hacer, pero se las apaña para no parecer una manipuladora.

SHONDA: Lady Danbury es capaz de ver todo el tablero; comprende la importancia de la estrategia porque ha observado a varias personas jugar sus cartas. No se le escapa nada. Y nunca se corta en decir lo que piensa.

BETSY: Es como esa gran frase cuando Simon come por primera vez con los Bridgerton, y todos divagan sobre la identidad de lady Whistledown. Francesca está segura de que es lady Danbury, y después Daphne le recuerda que lady Danbury no tiene necesidad de ocultarse tras una revista de cotilleos ni tampoco se muerde la lengua.

SHONDA: «Lady Danbury disfruta compartiendo sus insultos directamente. Nunca se molestaría en escribirlos». Es un gran momento… y también deja clara la idea de que no necesita perder el tiempo con cortesías. Tiene el privilegio de ir al grano. La sociedad no puede castigarla por salirse del tiesto.

ADJOA ANDOH: Lady Danbury es poderosa, sí; y parte de ese poder surge del hecho de haberse retirado de una vida en la que tenía que planearlo todo para asegurarse la supervivencia. Simon es como un hijo adoptivo para ella, pero salvo por eso, es libre de hacer lo que se le antoja. Es como un milagro. Usa su privilegio en la temporada 2 para tomar a las Sharma bajo su ala y amadrinarlas durante la temporada social.

Todas las demás mujeres, incluso lady Bridgerton, están planeando su estrategia dentro de los estrechos márgenes de la alta sociedad. Buscan los ángulos, necesitan de verdad ser muy elegantes mientras se comportan de forma muy sibilina e inteligente. Todos estos tejemanejes parecen muy bonitos y románticos de lejos, y desde luego son muy entretenidos, pero la realidad es que luchan por sus vidas: las pocas decisiones que pueden tomar en los confines de lo que ofrece la sociedad de Regencia determinará su felicidad en el futuro. Dista mucho de ser solo un juego.

Lady Danbury lo entiende porque lo ha vivido, y ha conseguido cruzar al otro lado con éxito, y ha acumulado mucho poder en el proceso. Pero fue un vals muy cuidadoso. Por ejemplo, me encanta la escena en la que le dice a un joven Simon: «Ahora tartamudeas, ¿cómo vas a lidiar con eso en la vida?». Y después le explica: «Tenía miedo de las cosas en mi vida, y la forma en la que superé el miedo fue al obligarme a dar lo mejor de mí, a dar la versión más descarada y feroz de mí misma. Me convertí en la criatura más aterradora de cualquier sala en la que entrara». Me encanta que lady Danbury, que parece tener una piel tan curtida y que no se inmuta por nada en la vida, comparta que ella tampoco es invencible. Pero ha creado una armadura y se ha protegido al tomar decisiones sensatas dentro de la alta sociedad, y esa es la verdadera fuente de su poder. ¿Cuántos de nosotros hacemos lo mismo en la vida real? Nos comportamos con fortaleza, y eso, a su vez, crea fortaleza.

KELLY VALENTINE HENDRY:
Aunque se puede decir que la elección de todos los personajes principales era muy importante, la de lady Danbury era crítica... En cierto sentido, es la matriarca más imponente, una especie de Maggie Smith en *Downtown Abbey*. Sí, debes quererla, pero también debes temerla.

No escogimos el elenco sin tener en cuenta la etnia, sabíamos que lady Danbury era una mujer negra de mediana edad y que necesitaba una actriz que pudiera representarla en todo su esplendor. Aquí en el Reino Unido, Adjoa Andoh es una de las grandes damas del teatro: no solo es la protagonista, sino que ha sido una de las pioneras a la hora de interpretar papeles masculinos, sobre todo en obras de Shakespeare.

Comprobamos si estaba disponible, y contuve el aliento, porque no es lo habitual. En la prueba de guion, su primera pregunta fue: «Kelly, ¿por qué estoy aquí?». Lo decía como mujer negra, como actriz negra. Me encanta que lo preguntara, porque era necesario.

ADJOA: Tras haber crecido en este país con su historia... En fin, no se pueden hacer pruebas para series de época, no se puede intentar conseguir un papel para un romance histórico. Por eso los actores negros pensamos a menudo: «Vaya, otro trabajo que no es para mí». Necesitaba saber si era una oportunidad de verdad; y si se esperaba que fuera yo misma, una mujer negra, no una mujer negra fingiendo ser blanca. Necesitaba saber que las pruebas no eran ajenas al color de la piel. Porque cuando decimos que no se tiene en cuenta el color, ¿cuál se pasa por alto? Soy del color que soy. Estoy encantada con mi etnia y no querría ser de ninguna otra manera. Creo que nací con estrella, gracias.

Adjoa y Golda sobre reconocerse y verse dentro y fuera de la pantalla

«¿Es todo lo que puede agacharse, lady Danbury?».

—La Reina Charlotte

ADJOA: Ese momentito entre ambas siempre me hace reír. Son dos personas que se conocen desde hace mucho tiempo; comparten sentido del humor y también saben cuál es su posición en la jerarquía. Se parece un poco a cuando la reina Isabel y Michelle Obama acabaron hablando de lo mucho que les dolían los pies. Es un código social entre mujeres, una identidad compartida..., y la frase sobre la genuflexión lo refleja.

GOLDA: Hay muchos momentos así a lo largo de la serie, donde se puede decir que se abre una puerta a la historia de los personajes. Estos dos desde luego que tienen un lenguaje común y que se entienden muy bien. Lo han visto todo y lo han sido todo.

ADJOA: Sabemos gracias a los *flashbacks* de lady Danbury con el joven Simon que la envuelve cierta fragilidad, que también percibimos en la reina, el hecho de que está sufriendo de verdad. Debemos creer que estas dos mujeres, con gran estatus, usan sus lenguas afiladas y su sentido del humor para aligerar un poco su carga.

GOLDA: Desde luego que son capaces de descubrir a las personas que solo dicen tonterías.

ADJOA: No soportan a los tontos. Creo que de jóvenes se habrían compenetrado mucho, habrían sido conspiradoras y compañeras.

GOLDA: Nuestra relación en la vida real también es así. Ya sabes, recuerdo verte en el parque de vez en cuando, y tú llegaste al teatro antes que yo, de modo que te saludaba con respeto. Te veía paseando con tu familia y nos mirábamos de un modo que decía: «Te veo, te conozco».

ADJOA: Cuando la reina Carlota llegó a la corte, lady Danbury ya tendría una posición establecida. De hecho, Carlota se casó con el rey el día que llegó. No conocería el idioma ni tendría un solo amigo, y estoy segura de que buscaba aliados. ¿No resulta interesante especular sobre los aspectos prácticos de su amistad y sobre lo que debió de pasar a lo largo de las décadas?

GOLDA: Desde luego. Comparten una larga vida de admiración y afecto, con alguna que otra desavenencia. Son damas traviesas, algo que también es absolutamente fabuloso.

LADY VIOLET BRIDGERTON

«Lo que yo quería, cariño, es que tú tuvieras lo mejor, no en cuestión de rango, sino de amor».

BETSY: Nos impresionó mucho la idea de una madre de la Regencia inglesa que había perdido a su marido (al que amaba, tal vez más que a sus hijos) y que tenía un montón de hijos a los que casar. Pero no la motiva la conveniencia ni trepar socialmente. Lo que define un buen matrimonio, en su opinión, no es la riqueza, el estatus o la dote; quiere que todos sus hijos se casen por amor. Es una idea radical para una mujer de la época, una especie de novedad maravillosa. Y Violet, mejor que nadie, sabe que el amor lleva aparejado un gran peligro (puedes perderlo todo), pero aun así cree que es lo más importante. Me encanta que podamos verla pasar por esto en la temporada 2 y seguir insistiendo en que lo desea para sus hijos.

SHONDA: Me gusta mucho Violet. Cuando regaña a su hijo Anthony, cuando pone a sus hijos en su sitio, es interesante... No es un felpudo, pero tampoco es pesada. Es un equilibrio muy delicado. Y parece tener la capacidad, seguramente porque ha experimentado mucho amor y dolor, de darles espacio a sus hijos (de dejar que se desahoguen con ella, que intenten avasallarla, que expresen su resentimiento), pero al mismo tiempo no se inmuta y nunca es una víctima. Es feroz en su templanza. Me pareció fascinante la escena entre Daphne y ella, cuando Daphne le grita por no haberla preparado mejor para la noche de bodas y el matrimonio, porque sabes que la madre de Violet no le dijo nada. Mantener esa conversación con su hija seguramente fue lo más atrevido que había hecho. La verdad, Violet hizo lo mejor... para sus hijos. Y lo hace con muchísima paciencia y elegancia.

BETSY: Sí. Ella mueve algunos hilos, pero jamás le dice a Daphne, ni a sus otros hijos, ya puestos, lo que tiene que hacer o la decisión que debe tomar. Mantiene una maravillosa posición que les permite autonomía a sus hijos mientras se asegura de que no se tiran por un acantilado. Es una madre creando un ambiente en el que cada hijo puede crecer y convertirse en una gran persona.

RUTH GEMMELL: Hice el casting con la escena en la que Violet habla con Anthony en el gabinete, después de que ella invitara al duque a cenar. Es una escena fantástica, porque muestra su fortaleza, tanto en señalar el destino de una mujer en la alta sociedad como en instruir a su hijo sobre su falta de conocimiento. Eso me encanta de Violet: lo quiere y lo dejará creer que él está al mando, pero, en realidad, al mando está ella. ¡Ha tenido mucha práctica! ¡Ocho hijos!

LADY FEATHERINGTON

«Las circunstancias cambian, señoras. A veces, muy rápido».

SHONDA: Lady Portia Featherington es uno de los personajes más atractivos de la serie... y también el más incomprendido. Siempre está haciendo «cosas terribles», pero en realidad solo está asegurando la supervivencia de su familia y su lugar en el escalafón social utilizando las únicas herramientas a su disposición. Y también es, por cierto, divertidísima.

BETSY: Es maravillosa y muy ridícula. Y habría sido fácil dejarla ahí, pero su humanidad se refleja de maravilla en la primera temporada a través de su relación con Marina. A simple vista, parece que está siendo cruel, pero en la escena en la que la lleva a un barrio pobre, en realidad solo está intentando desesperadamente ayudarla a entender el sistema al que se tiene que ceñir y el juego en el que tiene que participar para salvarse. Parece insensible a simple vista, pero es el único modo que conoce.

SHONDA: Exacto. Y se queda perpleja por el hecho de que Marina prefiera vivir en la miseria antes que elegir a un hombre, a cualquiera, máxime a uno que podría morir pronto. Para Lady Featherington esa es la única opción natural. Lo que un hombre representa para ella no es el amor, ni la felicidad, ni la alegría: es refugio, comida y ropa. Le dice que aunque no le guste el carruaje, la llevará adonde necesita ir.

BETSY: Bueno, desde luego que es tanto una superviviente como la moraleja de un cuento. Tal vez se creyera el sueño cuando era joven (que solo necesita un matrimonio estratégico adecuado), pero ya ha aprendido. Y cuando su marido muere al final de la temporada 1 y eso la deja en una posición peligrosa, sabes que encontrará el modo de sobrevivir. Me encantó su evolución en la temporada 2. Por supuesto, la vemos usar el comportamiento seductor de Jack como solución a sus problemas para mantener su posición. El alivio se contrapone a la revelación de que le están pidiendo que abandone a sus hijas a cambio del vil metal. Descubrimos, con sorpresa, que su corazón sabe lo que tiene que hacer. También es una delicia verla conseguir su baile. Cuando la reina aparece, literalmente se derrite en mitad de la escena. Hay algo maravilloso en su triunfo, sobre todo después de llevar dos temporadas observando cómo ve con envidia que el resto de la alta sociedad celebra sus bailes.

«Se podría interpretar a lady Featherington para que resulte muy desagradable, horrible y estúpida; y sin embargo, en el fondo, da pena. Cuesta mucho hacerlo: conseguir que alguien despreciable se convierta en alguien que genera simpatía. Pero Polly Walker es un genio, y lo consigue con soltura. A ver, hay que caer desde muy alto para convertirse en un héroe, algo que Portia Featherington hace. Y lo hace de maravilla, envuelta en unas telas horrorosas. En realidad, las telas eran preciosas, pero se usan para que resulten horribles..., la metáfora perfecta para Portia».

—Kelly Valentine Hendry

POLLY WALKER SOBRE PORTIA:
Lady Portia Featherington es una superviviente y una reliquia de su época: se mueve en una sociedad en la que a una mujer le resulta imposible cubrir sus necesidades fuera del matrimonio. No tienen estatus social sin un hombre. No creo que haya conocido el amor en la vida; no puede permitirse ese lujo. A diferencia de lady Bridgerton, que posee riqueza, seguridad e hijos muy deseados, Portia nada a contracorriente.

Reconoce que está al borde de la ruina, que su marido solo es un estorbo y que, en realidad, solo puede depender de sí misma. La señora Varley es su única relación íntima de verdad, la única persona con la que se desahoga y en la que confía.

No tiene tiempo para sentimentalismos, delicadeza ni crianzas afectuosas. Está al borde de un ataque de nervios, en el precipicio de la ruina social, del ostracismo y de la pobreza. También es una inadaptada, es una excepción en toda regla. Sí, es controvertida, agresiva y ambiciosa (y no nos gustan esas cualidades en las mujeres), pero por eso me encanta. Puede que no sea la Madre Teresa, pero hace alarde de sus sentimientos, y tienes la sensación de que se preocupa de verdad, de que está haciéndolo lo mejor que puede. Pero la realidad y el pragmatismo coartan su afecto. No tiene paciencia con el romanticismo. Es indomable, y sabes que siempre se levantará después de que la hayan tirado al suelo. Intenta transmitirles esa forma práctica de pensar a sus hijas.

Shonda sobre las relaciones entre personajes

Una de las cosas que más me gustan de *Los Bridgerton* es que, en el fondo, trata de la autonomía y de las relaciones. Relaciones de toda clase. La gente quiere centrarse en el romance, pero hay muchas más cosas. Están las increíbles amistades entre mujeres. Por ejemplo, la relación entre Penelope y Eloise es muy conmovedora, divertida y real. Cualquiera entiende el dolor que padecen. También me encanta la relación entre lady Danbury y la reina Carlota. Y entre Violet y lady Danbury, ya que estamos. Son mujeres poderosas que mueven las piezas de ajedrez del tablero que es la alta sociedad sin molestarse demasiado unas a otras. Pero mi relación preferida es la de Violet con sus hijos. La tensión entre Violet y Anthony es brillante, al igual que el vínculo entre Violet y Daphne. (¿Quién puede olvidar cuando Violet intenta explicarle en qué consiste el sexo y acaba hablando de perros?). El cariño que le demuestra a cada uno de sus hijos es lo que crea el vínculo que nosotros como espectadores tenemos con la familia Bridgerton al completo. Me muero por ver cómo siguen ahondando en él.

Una relación inolvidable para mí es la de la reina Carlota con el rey Jorge. La enfermedad mental del rey lo ha convertido en un cascarón. Y me encanta ver cómo Carlota ha decidido lidiar con eso..., aunque no ha decidido nada en realidad. Su decisión de permanecer lo más ajena posible al rey es desgarradora. Puedes ver el dolor en su rostro en esas escenas. Pero también nos permite comprender por qué se mete de lleno en cosas que pueden parecernos frívolas: descubrir la identidad de lady Whistledown, entrometerse en el mercado matrimonial. No tiene otra cosa en lo que concentrarse... o tal vez busca distraerse.

La historia de Carlota es fascinante, una que nos morimos por explorar en la precuela sobre su vida.

«Cuando se construyen los decorados, hay que decidir qué es más rentable: el salón de los Bridgerton lo es porque gran parte de la serie se rueda allí. Pero también está el dormitorio de lady Featherington, que vemos muy de tarde en tarde. Así que lady Featherington y Penelope duermen en el mismo sitio; nos limitamos a redecorar. El dormitorio de Colin, que vimos en la temporada 1, es el salón de los Bridgerton redecorado».

—Will Hughes-Jones

La FAMILIA BRIDGERTON

CHRIS VAN DUSEN: Una de las cosas que quería transmitir con fidelidad era la esencia de la familia Bridgerton. Quería que nuestra adaptación honrase sus pullas; las bromas masculinas entre los hermanos; el amor que Violet, esa poderosa matriarca, le profesa a su familia con cierta ferocidad. Haría cualquier cosa por sus hijos.

Y luego, claro, está la historia de Daphne y Simon, que es la piedra angular del primer libro y de la temporada 1. Es un romance arrollador con muchos giros..., y muy subido de tono a veces. Quería asegurarme de trasladarlo a la pantalla. Siempre habrá diferencias en cualquier adaptación, pero los cimientos parecen fieles. Y seguimos plantando semillitas para las siguientes temporadas mientras desarrollamos las historias de amor de personajes como Anthony, Benedict, Colin y Eloise. En el fondo, la serie no solo va de los Bridgerton: va de un mundo y de toda una sociedad.

DAPHNE

«No tienes ni idea de lo que es ser una mujer. De lo que se siente cuando toda tu vida se reduce a un solo momento. He sido criada para esto. Esto es lo que soy. No tengo otro valor. Si no consigo encontrar un marido, no valdré nada».

Cuando estaba creando a Daphne, quería crear a alguien que, en muchos sentidos, fuera convencional..., porque tengo la sensación de que es importante recalcar que está bien desear cosas convencionales. A menudo ensalzamos a las pioneras (como debe ser), pero es habitual que pasemos de las historias de las personas que no quisieron hacer nada diferente, sino que se esforzaron por cambiar un poquito las cosas dentro de las normas sociales. Por eso, vemos a la mujer en las almenas del castillo que agita la bandera de la victoria, pero tal vez no veamos a las mujeres que la precedieron. Me gusta pensar que Daphne estuvo allí, cincuenta años antes, quitando con tiento un ladrillo para que cuando la pionera llegara, ese muro cayera con más facilidad.

SHONDA: Daphne no es una feminista en el sentido moderno, pero sí está empoderada..., y se está saltando las normas tal y como sabe hacerlo en aquella época y en aquel lugar. Quiere pertenecer a la alta sociedad y ser poderosa socialmente (no busca cambiarla), pero también reconoce que, pese a su estatus social y a su belleza, tiene que jugar bien sus cartas. Cuando Anthony mete la pata, ella toma las riendas: le da un puñetazo a Nigel en el jardín, finge entablar una relación con el duque, usa al príncipe como arma y le pregunta al duque qué se supone que debe hacer ella por la noche y después vuelve a casa y lo pone en práctica.

BETSY: Chris Van Dusen comentó la posibilidad de que la temporada 1 se llamara «La educación de Daphne Bridgerton» porque sigue la línea argumental de su transformación de niña a mujer, obligatoriamente en los pocos meses que dura la temporada social. Hace todo eso que has comentado y después de casarse intuyes que su poder seguirá creciendo, algo que vemos en la temporada 2. Tiene mucha seguridad en sí misma.

SHONDA: Exacto, no defiende la pasividad. Al principio, me enfadé con ella por querer lo mismo que le dictaba la sociedad, pero luego cambié de opinión y lo asimilé: quiere casarse, está exultante por ser considerada el diamante de la temporada. Eso es todo un éxito para ella, es el camino a la felicidad, y no se equivoca: reconoce que sin un matrimonio, no valdrá nada. Y cuando pensamos en el resto de mujeres poderosas de *Los Bridgerton* (sobre todo, lady Danbury y la reina Carlota), vemos que Daphne sigue el camino correcto. Esas dos mujeres tienen poder precisamente porque hicieron un buen matrimonio.

BETSY: En cierto sentido, contrasta con Eloise y con Kate Sharma: ellas se niegan a aceptar las limitaciones de ser mujer en la sociedad de la Regencia. Pero coincido en que no es débil, sobre todo para la época. Cada una de las mujeres de la serie se enfrenta a un dilema distinto que surge de las limitaciones de una sociedad en la que no había alternativas. Parafraseando a Daphne: «Nací para esto y me criaron para esto». Creo que todas podemos sentirnos identificadas de alguna manera: la vida tiene límites y todos escogemos un camino y rezamos para que suceda lo mejor.

SHONDA: Es importante recalcar en la serie que no todos los héroes tienen que ceñirse a lo que nos gustaría o esperaríamos de ellos. No siempre se trata de luchar contra la tradición o el *statu quo*.

KELLY VALENTINE HENDRY: Phoebe Dynevor hizo la prueba para el papel de Daphne muy al principio, pero a veces hay que ver a muchas personas que no encajan para confirmar que tienes a la perfecta. Nadie podría haber interpretado el papel mejor que ella, porque nadie comprende la complejidad y lo duro que es interpretar a alguien perfecto. Tiene que ser lista. Tiene que ser graciosa. Tiene que ser una mujer que los hombres amen, pero las mujeres también. Eso es muy difícil. Daphne hace cosas irritantes en la serie, lo que le dificulta el camino, y no vas a acompañarla en dicho camino a menos que te hayas enamorado de ella un poquito. De esa niña-mujer que es la hija perfecta, la hermana perfecta, la amiga perfecta, la modelo perfecta, el objeto de deseo perfecto..., de forma muy moderna aunque lleve un vestido de época. Phoebe debía conseguir que todo funcionara.

BETSY: Phoebe Dynevor fue una revelación. Nos pareció un encanto: joven, original, realmente fabulosa. Parecía comprender por intuición la formalidad de los límites de la época, pero también saber lo que necesitaría para convertirse en una mujer moderna. Y esos límites son muy duros. El mero hecho de estar de pie con un corsé era agotador, sobre todo en comparación con la postura de las chicas en 2020. Y luego hicimos una prueba de química entre Regé Jean Page y ella, y fue uno de esos momentos en los que piensas: «Ajá, esto va a funcionar».

PHOEBE DYNEVOR: Sobre el papel, Daphne no es muy cercana: es la debutante ideal, amable, encantadora, guapa. Consigue todo lo que quiere, sus modales son perfectos. Así que ¿cómo convertirla en un ser humano complejo?

Quería mostrarla un poco ansiosa, como mecanismo para comprenderla mejor. Al fin y al cabo, aunque la serie se ambiente a principios de 1800, hay paralelismos con la vida moderna, sobre todo en la imagen que los medios de comunicación y las redes sociales transmiten de la mujer. Tenemos la misma presión para ser perfectas. Tenemos el mismo instinto para ensalzar a las mujeres y después vilipendiarlas por deporte.

En mi opinión, la sociedad no ha cambiado tanto, ha cambiado la tecnología. Los tabloides de la Regencia son como Instagram. Tan pronto es un diamante que no puede hacer nada malo como, en un abrir y cerrar de ojos, se convierte en un fracaso. En muchos sentidos, Daphne se niega a que las opiniones de los demás decidan su destino, por eso se empeña en orquestar dicha opinión, en planear con Simon la forma de cambiar la historia. La suya cambia muy deprisa, pero ella consigue moverse más rápido si cabe. Admiro mucho esa cualidad. Me encantó interpretar a Daphne porque, en el fondo, está muy empoderada.

ANTHONY

«Yo lucho por la familia que tengo. Y nunca lo entenderás porque naciste para casarte con otra familia y yo para llevar el nombre Bridgerton. Y eso pesa más que todo lo demás. Es fácil ser egoísta cuando no hay nadie más ante quien debas responder».

BETSY: Desde el principio de la temporada 1, Anthony lucha con la idea de lo que significa ser el cabeza de familia. La verdad es que mete la pata hasta el fondo con Daphne, en parte por la idea de que nadie es lo bastante bueno para ella, de la misma manera que nadie es lo bastante bueno para él. Encara el asunto como un trato de negocios, sin comprender lo que es crear un matrimonio afectuoso. A lo largo de la temporada 2, comprendemos por qué evita y teme tanto la intimidad.

SHONDA: Vemos toda esa línea argumental y el trauma de ver morir a su padre, de que su madre se derrumbara, y, de repente, se ve en una posición con una responsabilidad abrumadora. La escena del parto captó esa idea: Violet a merced de su hijo, que en realidad no tiene ni idea de nada.

BETSY: Tienes la sensación de que Violet perdió la oportunidad de guiarlo cuando recogió el testigo. Es evidente que hay cierta rabia y frustración por parte de ambos: que su niño de repente está al mando, por una parte, y de que al mismo tiempo ella perdiera a su marido y su posición en la familia, por otra. Vemos que Violet consigue persuadirlo, y él empieza a comprender que su trabajo es crear un entorno en el que los demás puedan crecer, no obligarlos a hacerlo.

SHONDA: Es difícil para Anthony, porque su padre está casi beatificado. En su cabeza y, teóricamente, en las del resto, nunca estará a la altura... Es imposible estar a la altura de ese legado.

BETSY: Jonathan es un grandísimo actor, y consiguió expresar la idea de que no solo no puedes ser tu padre, sino que tampoco puedes aprender de él porque no está. La experiencia le enseñó desde muy joven que se puede perder a los seres queridos, de modo que enamorarse es aterrador.

JONATHAN BAILEY: Al principio, hice la prueba para Simon: me mandaron dos escenas con sus líneas, una con Daphne y otra con Anthony. Luego me reuní con Alison Eakle, Chris Van Dusen y Betsy Beers, y hablamos sobre todo lo relevante para la historia y para nosotros, y nos conocimos muy bien. ¡Había una extraña efervescencia en el ambiente!

Sin embargo, me pidieron que hiciera la prueba para Anthony y que me comprometiera más a largo plazo. Mi intención era ir a Coachella, donde pensaba acampar, lo que les pareció una locura típica de un británico. También me dijeron que el tráfico sería horrible, de modo que me dejaron marchar con tres guiones en el iPad para que captara la esencia de Anthony y pensara si encajaba conmigo.

Vi lo que Anthony era para la historia de Daphne y la función concreta que tenía su personaje, algo que siempre es muy emocionante. Sus actos no se sostendrían en un juicio actual en términos de roles de género, pero me atraía muchísimo. Al ser el benjamín, me gustaba la idea de interpretar al primogénito, y también esa idea de linaje. Era una forma muy interesante de explorar la masculinidad, el privilegio y el patriarcado… Reflexioné sobre todo eso.

Fui al festival de música, terminé mis vacaciones y después me leí el segundo libro de la serie para ver el futuro de Anthony. Me lo bebí. Y entonces me di cuenta de lo absurdo que era que las novelas románticas no tuvieran respaldo. *Los Bridgerton*, en particular, son historias psicológicamente complejas sobre el amor y lo que significa: son variadas, interesantes, y cada hermano vive su propio camino. Es un concepto ingenioso.

Y Anthony va a mejor. La suya es una historia trágica, espantosa. Había mucho en lo que ahondar (la pérdida de su padre junto con la desesperanza y la responsabilidad con la que carga), mucho que desentrañar y que eliminar. Y después le pasa el testigo al siguiente hermano. Me encanta el concepto. Con *Los Bridgerton*, interpretas a tu personaje, como hacemos en la vida real (somos los protagonistas de nuestra vida) y

después apoyas a los demás en subtramas muy interesantes.

Uno de los placeres de interpretar a Anthony es que comparto una historia con mi madre, Violet, en la que profundizamos según avanzan las temporadas. Ella lo abandonó de verdad cuando estaba roto de dolor, y sus hermanos eran demasiado pequeños para apoyarlo. En la temporada 1 se ve lo confundido que está por cómo trata a Siena. Es un modo magnífico de mostrar la toxicidad (sin excusarla en lo más mínimo) de la condición humana que creó el trauma y una sociedad que presiona a los jóvenes antes de que estén preparados. Es fácil comprender por qué está desilusionado. Su idea del amor a esas alturas es totalmente errada: no sabe cómo estar a la altura del legado de su padre, no sabe cómo compartir la responsabilidad y no sabe cómo mostrarse vulnerable..., de modo que, irónicamente, se vuelve vulnerable.

No hay terapia en el Londres de la Regencia, o se habría dejado un pastizal. Pero en la temporada 2, consigue hacer terapia en cierta forma: lo animan y, a veces, lo obligan a identificar dónde se han torcido las cosas. Tiene que comunicarse. Tiene que aceptar que, por raro que parezca, es mejor y merece más de lo que cree. Empezamos a ver cierta aceptación, y lo fascinante es que solo podría suceder tras conocer a Kate. Anthony no llega a ese punto por sí mismo, llega porque conoce a las personas adecuadas y se ve obligado a enfrentar los fantasmas de su pasado.

Los hermanos Bridgerton

«Benedict se ve a sí mismo reflejado en Anthony, porque cuando hablas con tu hermano, en cierto sentido, reflexionas sobre ti mismo. Eso hace que su relación sea peliaguda. En la temporada 2, a medida que Anthony se encuentra y encuentra el amor, Benedict es su compañero en todo, aunque tal vez no sea el que Anthony desea porque son muy diferentes. Pero enriquecen el viaje del otro de formas muy interesantes».

—Luke Thompson

«Creo que seguramente Colin se pasó mucho tiempo intentando animar a los demás durante los malos momentos. Se ve claro en la serie y también se ve que ni se inmuta por el drama que está viviendo la familia: se muestra distante. Creo que es su mecanismo de defensa, debido a que perdió a su padre cuando era muy pequeño y comprendió que era mejor esquivar los problemas que enfrentarlos directamente».

—Luke Newton

«Creo que Anthony está bastante resentido con sus hermanos porque no experimentaron el trauma de la muerte de su padre de la misma manera: él estaba totalmente solo, separado del resto, porque de repente era el cabeza de familia…, y no tuvo a su madre al lado».

—Jonathan Bailey

BENEDICT

«Las cosas parecen sombrías ahora, hermano. Pero si he aprendido algo de mis estudios de arte, es que casi siempre es cuestión de perspectiva. Yo miro mi arte y, si no me gusta lo que veo, siempre puedo alterar la paleta de colores, pero lo que no hago es tirar el dibujo entero. Tú también podrías hacerlo en tu vida».

BETSY: Benedict es el mejor. Por un lado, sería muy duro tener un hermano como Anthony, y por otro, sería muy fácil tener un hermano como Anthony. En aquella época, el primogénito heredaba el título, las tierras y la responsabilidad, y se convertía en el cabeza de familia, liberando a los demás. No parece que a Benedict le importe... en lo más mínimo.

SHONDA: Desde luego que no, ¡está encantado! Hay un gran momento en la temporada 1 antes del duelo, cuando a Benedict se le desencaja el rostro por la idea de que disparen a Anthony. Estoy segura de que lloraría a su hermano, pero la verdadera tragedia sería tener que recoger el testigo y renunciar a su guarida de pintor.

BETSY: En muchos aspectos, el destino de Anthony es ineludible: no puede escapar de su responsabilidad. Pero cuando no eres el primogénito, debes averiguar qué quieres ser de mayor. El camino de Benedict les resulta muy cercano a los espectadores modernos. Un hermano mayor fortísimo, entregado y con mucha labia que, ya sea por deseo propio o por responsabilidad familiar, tiene que soportar la carga.

SHONDA: Es inimaginable ver a Benedict soportando esa carga, va contra su personalidad. Solo quiere divertirse, beber, jugar con mujeres hermosas y pintar. Pero lo hace sin maldad, no es un libertino. Y creo que se debe a que no decepciona las expectativas de nadie al seguir su pasión y su corazón.

BETSY: Benedict no quiere ser Anthony. Solo quiere descubrir lo que él mismo quiere. En la temporada 1, descubre el espacio donde intentará averiguar quién quiere ser, que es no ser un Bridgerton tradicional. Y Eloise lo empuja, ya que él disfruta de la libertad para explorar que a ella se le niega.

SHONDA: Sí, y aunque le gusta pintar, lo que más le atrae es la libertad y la exuberancia de esa forma de expresión. No creo que la pintura le atraiga tanto por labrarse un nombre como por ser la profesión más divertida e interesante a la vista.

BETSY: En la temporada 2 quiere encontrar la forma de expresarse, y el arte le parece la manera de hacerlo. Vemos su viaje. Me encanta cuando descubre que Anthony pagó su ingreso, y Eloise va en plan: ¿A quién le importa?

SHONDA: Sí, a quién le importa. Porque no es tanto por su talento como por encontrar algo a lo que entregarse, algo que lo libera más que encorsetarlo.

LUKE THOMPSON: En el fondo Benedict está confundido, porque tiene instinto creativo. Creo que el desafío para quien lo posee es la tendencia a creer que eres un desastre y no haces nada destacable, y al rato pensar: «¡Ay, Dios, soy un genio!». Es evidente que ninguna de las dos cosas es verdad. Y parte del viaje de Benedict consiste en dejar de pensar que es o brillante o terrible, y encontrar su lugar entre ambos extremos.

Lo importante para Benedict es encontrarse a sí mismo fuera de su familia. Está explorando algo que es solo suyo: está buscando su camino en el mundo. Hay ocho hermanos Bridgerton, y todos se parecen un poco, están cortados por el mismo patrón con pequeñas diferencias. Hay una frase en el libro que cuenta la historia de Benedict en la que Julia Quinn escribe: «Benedict era un Bridgerton, y si bien no había ninguna otra familia a la que deseara pertenecer, a veces deseaba que lo consideraran menos un Bridgerton y más él mismo». Esa es la clave. Como Benedict, soy miembro de esta familia, pero ¿qué más soy? Es emocionante ser alguien que no sabe bien quién es.

«Me encantó el uso de la abeja; no sé si fue un momento de genialidad de Ellen Mirojnick o de Will Hughes-Jones, pero ambos lo adoptaron y lo han utilizado a lo largo de la serie. Esos pequeños detalles son los que le otorgan cohesión al mundo».

—Betsy Beers

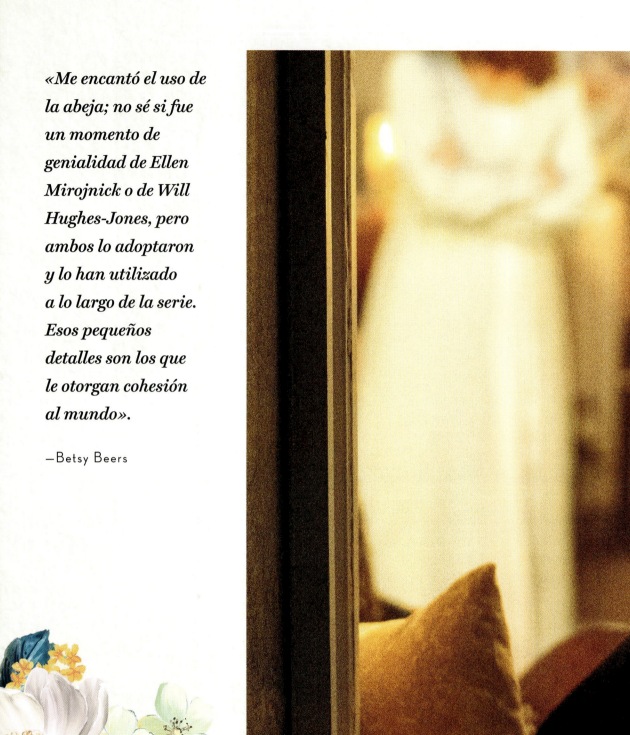

COLIN

«Nuestra relación se ha formado de forma tan natural estos años que uno podría darla por sentado. Tú siempre has sido tan constante y leal, Pen».

BETSY: No es una coincidencia que tanto Simon como Colin sean viajeros: literal y figuradamente, buscan su lugar en el mundo. Colin es una persona curiosa, y creo que tiene la sensación de que las respuestas están ahí fuera, razón por la que percibes ese tira y afloja y, al final, esa confusión. Se encuentra en una situación difícil al ser el tercer hijo. En un mundo en el que se necesita un heredero y un repuesto, Colin no sabe dónde encaja... y no deja de buscar formas para transformarse.

SHONDA: Sí, quiere dejar huella. Y espera que el mundo le diga cómo hacerlo o, al menos, le muestre el camino. En cambio, se pasa la vida intentando salvar mujeres. Es su instinto, cree que eso es lo que le mostrará su objetivo en la vida.

BETSY: Sí, quiere ser un salvador, un caballero. No sé si surge de haber sido demasiado joven para ayudar a su padre o a su madre, pero ha desarrollado mucho el instinto de ayudar a la damisela en apuros.

Su orgullo al rescatar a las Featherington es evidente. ¿A qué crees que se debe?

SHONDA: Está enamorado de la idea de hacer lo correcto más que del acto en sí. Pero lo adoro por eso, por esa fijación con su honor. Me parece muy interesante.

BETSY: Ajá. Hay algo muy poético en el hecho de que sus actos heroicos siempre sean secretos: salva a las Featherington, pero la hazaña depende de que nadie lo descubra.

SHONDA: Sin embargo, ese es un tema principal de *Los Bridgerton*: no hay secretos en la alta sociedad.

LUKE NEWTON: Creo que todos hicimos la prueba para el duque, la escena en la que pasea con Daphne. Después hice la prueba para Colin. Ahí es cuando empecé a enamorarme del proyecto. Vine para una entrevista final con Chris Van Dusen, Julie Anne Robinson y Betsy Beers. Intenté que no me afectase, porque era muy intimidante. Repetí la escena de cinco o seis formas distintas. Julie Anne dijo: «No lo haremos así en el rodaje, pero vamos a repetirla cinco o seis veces cambiando los matices». Era la escena de Colin y Penelope en el baile Rutledge, donde todos cotillean, y él le dice: «¡Penelope, qué mordaz!». Cuando tocó rodarla de verdad, fue surrealista.

LUKE NEWTON SOBRE COLIN BRIDGERTON:

Colin está atascado. Aunque está muy unido a Anthony y a Benedict, tiene la sensación de que lo tratan como a un niño. Eso no le gusta nada, y cree que no debería ser así. En la temporada 1, vemos a Daphne convertirse en una mujer fuerte e independiente, y la familia la trata con más respeto que a él. Creo que le atrae la idea de no ser como los demás Bridgerton, de distinguirse y no hacer exactamente lo que se espera de él. Creo que ese es uno de los mayores atractivos de Marina, la osadía de la relación y su deseo de ser un hombre.

Eso supone un peso para él: quiere tener un objetivo y sentir que puede tomar decisiones, como decirle a Marina que huirán a Gretna Green para casarse. Creo que la idea le resultaba mucho más romántica y atractiva de lo que era en realidad. En la temporada 2 lo vemos lidiar con el sentimiento de culpa, que parece haberle restado placer a sus viajes y aventuras. Aunque le guste chismorrear en un rincón con Penelope, no quiere hacerle daño a nadie ni estropearle la vida. Claro que es posible que acepte demasiada responsabilidad porque quiere ser un hombre.

Los viajes de Colin son el tema de la segunda temporada, el recordatorio constante de que va a tener emociones en la vida, el elemento que le otorga interés. Pero creo que, en cuanto lo tacha de la lista, siente su falta de propósito y de rumbo más todavía. Es la sensación de «¿Y ahora qué? ¿Qué hago?», lo que lo lleva a hablarle de sus viajes a cualquiera que le preste atención. Sobre todo a Eloise, porque ella no ha vivido nada parecido, de modo que puede decir lo que quiera e inventarse sus viajes y aventuras. Cuando lo ves con sir Phillip, y empieza a hablar de plantas y de detalles aburridos, no creo que esté alardeando, creo que por fin se siente validado. Comparten un momento muy especial con sus frikadas.

«Los días que no llevamos chaqueta son una maravilla, porque cuando rodamos en el set hace bastante calor. Anthony siempre acaba remangándose la camisa y Benedict es el artista, así que puede llevar corbatas distintas y ponerse cosas más cómodas. Pero Colin siempre va muy arreglado. Mi personaje no es nada rebelde. Así que los momentos en los que Colin se relaja son agradables, como la reunión de solteros para tomarse algo antes de la boda».

—Luke Newton

«Fuera de la temporada social, Penelope y Colin entablan una relación postal, algo muy tierno. Dicho lo cual, creo que las expectativas de Penelope son demasiado altas cuando él vuelve porque al recibir sus cartas se ha preguntado: "¿Qué significa esto?". Él la trata como a una amiga, y eso es como un puñal en el corazón».

—Nicola Coughlan

LUKE NEWTON SOBRE COLIN Y PENELOPE:
Creo que el problema de Colin es que suele tener la cabeza en las nubes, y sus ambiciones y sus pasiones lo pierden. No tiene las ideas tan claras como sus hermanos. Eloise quiere cambiar el sistema; Benedict quiere ser artista; Anthony está cumpliendo con sus deberes familiares; y él está perdido y preguntándose: «¿Estoy enamorado? ¿Quiero tener una profesión? ¿Me apasiona algo? ¿Quiero irme de vacaciones?». Va a la deriva, pero sin el menor estrés. Y luego tienes a Penelope, que es su opuesto: dirige una organización secreta que nadie conoce al tiempo que mantiene sus amistades y sus relaciones intactas y sigue apoyando a quienes la rodean, sobre todo a Colin.

La temporada 2 empieza dejando claro algo que no vemos, pero comprendemos: Penelope y Colin llevan un año carteándose, y tal como él le dice en las carreras: «Has leído y respondido más cartas que nadie». Es un indicio de que se han llegado a conocer a un nivel distinto. Es evidente que crecieron juntos, pero hay algo más íntimo, casi romántico, en escribirse a través del mundo. Pero aunque creo que su relación floreció, él todavía no es consciente de lo que puede sentir.

«Lo normal es que recibas todos los guiones a la vez y entiendas toda la línea argumental de tu personaje y de la temporada. Pero en la temporada 2, los guiones llegaron mientras rodábamos, así que no sabíamos del todo cómo iba a terminar. Eso aumentó la emoción. Supongo que también aumentará el interés de los espectadores, porque eso consigue que toda la temporada sea menos predecible. Como actor, es difícil contenerte cuando sabes lo que le ocurre a tu personaje y no interpretarlo según eso todo el tiempo. Pero de verdad que no teníamos ni idea».

—Luke Newton

ELOISE

«Nunca he entendido lo de las plumas en el cabello. ¿Por qué querría una mujer confirmar el hecho de que es como un pájaro graznando en un ritual para atraer a un hombre?».

SHONDA: Eloise es la única feminista auténtica en *Los Bridgerton*, la que protesta contra la sociedad con fuerza..., y lo hace siempre y sin cortarse. Aunque Penelope comparte algunas de esas ideas, Eloise es la que lo rechaza todo con la esperanza de encontrar algo distinto para sí misma. Penelope desea con fervor (y en secreto) estar en la piel de Daphne; Eloise desea mandarla a tomar viento fresco. Ese deseo desesperado de ser algo más en la vida de lo que la sociedad considera adecuado es la declaración de la serie de lo que les sucede a las mujeres que no se casan.

BETSY: Eloise es muy cercana porque parece muy moderna, pero es importante recalcar que entonces habría sido una radical. Y una privilegiada por poder detestar a la alta sociedad porque, en palabras de Penelope, es una Bridgerton. La posición de su familia le da mucho juego. Además, Daphne piensa cumplir con su papel como hermana mayor (ser el diamante de la temporada, casarse bien y asegurar el éxito futuro de sus hermanas). Eloise puede soñar y explorar otras opciones porque Daphne hace el trabajo sucio.

SHONDA: Sí, hay presión, aunque Violet es una madre distinta, guiada más por el amor hacia sus hijos que por el impulso de llevarlos en una dirección. Se percibe el gran cariño que les tiene y el deseo de que encuentren la felicidad. Tolera la necesidad de Eloise de resistirse y está dispuesta a darle espacio y tiempo, aunque quiere que haga un intento antes de darle la espalda a la alta sociedad por completo.

BETSY: Creo que Violet también reconoce que Eloise no sabe controlarse. Carece de tacto y es ingenua en ese sentido, una de sus cualidades más entrañables. Su cara y su cuerpo ya te dicen lo que está pensando antes de que abra la boca.

SHONDA: Los demás la buscan como una especie de piedra angular de la verdad, con la que pueden hablar de la realidad de su vida sin adornos ni fingimientos. Lo vemos con Penelope y con Daphne, y su relación con Benedict también es preciosa, ya que los dos analizan de qué manera el hecho de ser el segundo les otorga cierta libertad para resistirse a lo que se espera de ellos; aunque es evidente que Benedict tiene más libertad, y Eloise lo anima a no desperdiciarla.

BETSY: «Hazlo. Atrévete». Me encanta la conversación en la que comparten un cigarrillo, y ella lo regaña por quemar sus bocetos en vez de practicar más. «Si deseas el sol y la luna, solo debes salir y disparar hacia el cielo. Algunas no podemos».

HANNAH GREIG: Eloise es un personaje que me encanta. Y no solo porque es graciosa y peleona. Al revolverse contra el futuro que ve a sus pies y resistirse a las expectativas de la alta sociedad, nos resulta muy familiar..., algunos dirían que moderna. Pero para mí, no solo es «moderna», también capta lo que algunas mujeres de la época sintieron y que vemos en las cartas y los diarios que han perdurado.

Muchas hijas de aristócratas, como Eloise, tenían educación. Tenían acceso a buenas bibliotecas, leían periódicos, conocían a personas interesantes. Se interesaban por las nuevas ideas, como lo que ahora llamaríamos «derechos de las mujeres». En la Inglaterra de Regencia, muchos escritores apoyaban el acceso de las mujeres a la educación, a la política, a una vida más allá del matrimonio y la maternidad. También había quienes abogaban que las mujeres poseyeran bienes y se ganaran la vida sin depender de un hombre. Se considera que en esta época los primeros textos feministas fueron superventas, como *Vindicación de los derechos de la mujer*, de Mary Wollstonecraft, que presentaba argumentos radicales y fuertes a favor de la igualdad de las mujeres. Eloise es un personaje que representa dichas voces, un coro que se iba fortaleciendo.

CLAUDIA JESSIE: Me encanta Eloise, me siento muy identificada con ella. Ve el mundo con claridad y de un modo muy moderno. Ve las cosas como son y se imagina cómo podrían ser. Cuando Eloise y Penelope hablan de sus aspiraciones, de eso que podrían querer, las ves emocionarse por la vida, no por los bailes. Son muchachas hablando de autonomía.

Aunque está desesperada por librarse de las cadenas, Eloise demuestra verdadera alegría: es un cascabel. Y por más que se enfrente a la conformidad de Daphne, también la acepta a su manera. Le está muy agradecida, y se quieren y se protegen la una a la otra. Esa frase al final es preciosa y genial, el diálogo con el que sueña todo actor, la verdad: «Gracias por ser tan perfecta para que yo no tenga que serlo». Para Eloise, la idea de ser perfecta a ojos de la sociedad, de ser como un diamante pulido, es la prisión de la que quiere escapar.

No quiere decepcionar a su familia, sobre todo a su madre, solo quiere ser libre y darse de baja de todo lo que la rodea. No está en contra del amor, solo quiere descubrir despacio, pero sin dudas, lo que quiere.

Lo que más me gusta de ella al final de la temporada 2 es que no tiene la revelación de que a lo mejor sí quiere casarse; en realidad no cambia. Pero me encanta que se enamore y sienta cosas. Los guionistas lo hacen muy bien al no convertirla en una

«La gente siempre dice: "Eloise es una increíble narrativa femenina a lo largo de la serie". Y estoy de acuerdo, por supuesto. Pero creo que la serie está llena de este tipo de cosas: todos los chicos tienen problemas con su papel en la familia, con sus títulos y responsabilidades, y todos se resisten a la estructura social. Creo que demuestra que el patriarcado no funciona para nadie y que daña a todos de una forma u otra, incluso a los que están en la cima».

—Claudia Jessie

coqueta introvertida. Eloise sigue sin tener problemas para expresar sus emociones. Siempre dice cómo se siente. Es preciso que al enamorarse no se vuelva introvertida. Me encanta que su respuesta sea la franqueza: «Oye, pienso mucho en ti. ¿Tú también piensas en mí? Y si puedes decírmelo, sería genial». Es una actitud clínica, pragmática y típica de Eloise. No cambia en el fondo.

Quiere que la vean como una gran pensadora feminista, sí, pero en realidad quiere la libertad de elegir. Quiere conocer a alguien por sí misma si acaso tiene que pasar por ahí. Para Violet lo principal es que sus hijos encuentren el amor, el mismo que ella tuvo con su marido. No quiere obligar a Eloise a nada, pero tampoco quiere que rechace algo que nunca ha experimentado. Creo que siente algo como: «Eloise, tal vez si probaras estas cosas, te gustarían». Me parece justo.

Eloise demuestra que puede conocer a alguien en otras circunstancias, que no tiene que ir a bailes ni a tomar el té, ni tiene que llevar el nombre de otra persona en un trocito de papel alrededor de la muñeca. Demuestra que puede conocer a alguien a través de su propio deseo, de su misión, mientras persigue sus intereses. Es mucha munición para ella: sabe que es capaz de desarrollar sentimientos por otra persona, según sus reglas.

LA DIRECTORA TRICIA BROCK SOBRE LA ESCENA DE LOS NARCISOS:

Fue una escena preciosísima. No hay bastantes halagos para Will Hughes-Jones. Chris Van Dusen vio un prado de narcisos cuando buscaba localizaciones en marzo, pero para cuando rodamos, ya no quedaban. Sin embargo, Will Hughes-Jones encontró los suficientes para recrear el momento: narcisos reales para el primer plano y artificiales para las tomas alejadas. Recreó un prado de narcisos absolutamente espectacular.

Betsy y Shonda sobre la amistad duradera entre mujeres

SHONDA: Es interesante que nos pregunten con frecuencia por estas amistades envidiables: al parecer, las series de Shondaland son famosas por eso. Nunca tengo una respuesta adecuada, porque no considero que la amistad maravillosa entre mujeres sea un estilo, un cliché o un truco. Para nosotras, es una realidad, y la amistad nace de nuestra experiencia en el mundo, de personajes que basamos en mujeres multidimensionales reales, ya vivan en el presente o en la Inglaterra de la Regencia.

BETSY: ¡Desde luego! Recuerdo una conversación contigo de hace años, cuando nos dimos cuenta de que casi no se veían amistades reales en televisión. Las amistades reales son traicioneras. Las amistades reales son difíciles. Las amistades reales son maravillosas y aterradoras. Las amistades duraderas discurren por colinas y valles, no es una carretera. Eso es lo que nos interesa: no la camaradería entre mujeres, *per se*, sino las cualidades de una amistad duradera. ¿Qué hace que un vínculo dure y qué hace que se rompa? Se ve en Penelope y Eloise: tienen varias peleas muy dolorosas, pero luego se reconcilian. Es natural.

SHONDA: Eso podría describir nuestra relación: llevamos trabajando como socias productoras mucho tiempo. Son las colinas y los valles que dices, el hecho de que nos enfrentamos a ellas. Todo eso hace posible que trabajemos juntas con tanto éxito. Hay que trabajar mucho para formar una buena sociedad: requiere esfuerzo, crecimiento y evolución.

BETSY: Totalmente de acuerdo. Sabes que las dos somos perfeccionistas, y en el fondo muy competitivas, y creo que incluso en las malas rachas, lo que nos mantuvo en el camino fue la idea de que nuestro trabajo representa lo mejor de nosotras. Es posible que haya dos mujeres trabajando juntas durante mucho tiempo, exitosas, capaces de ejercer varios papeles, apoyarse y tener éxito.

SHONDA: Bromeábamos diciendo que las locuras se cometían por turnos, pero es habitual que las cometamos a la vez. Y luego nos llamamos o nos vemos, y lo hablamos, que es un privilegio maravilloso. Tengo a alguien con quien hablar de hasta el último detalle de *Los Bridgerton*, de cualquier serie de nuestro mundo, y desmenuzar qué funciona y qué no.

BETSY: Tenemos que mantenernos en alerta. Cuando una de las dos empieza a enfurruñarse, sabemos que es hora de pasar tiempo juntas y reconectar antes de perder el rumbo. Sabemos que podemos llevarnos la contraria y recuperarnos (ya nos ha pasado), pero intentamos cuidar nuestra amistad y nuestra sociedad para que no haya muchos valles.

«Nuestra pelea fue espantosa. Claudia y yo lloramos durante la primera lectura del guion, y fue durísimo grabar la escena. La clavamos en el ensayo, pero cuando fuimos a grabar, no conseguíamos que saliera como debía. Yo estaba paralizada. Hicimos muchas tomas».

—Nicola Coughlan

LISTA DE LECTURA ESTIVAL DE ELOISE

MARY WOLLSTONECRAFT
(1759–1797)

Considerada una de las fundadoras del feminismo, concentró casi todos sus escritos en los derechos de las mujeres. Se la recuerda principalmente por su *Vindicación de los derechos de las mujeres*, donde aboga por el acceso igualitario a la educación. Murió a los 38 años, tras dar a luz a Mary Shelley, autora de *Frankenstein*.

PHILLIS WHEATLEY
(1753–1784)

Wheatley, una antigua esclava, fue la primera escritora negra en publicar un libro de poesía; se convirtió en una de las poetisas más famosas del siglo XIX.

En cada seno humano, Dios ha implantado un principio, que llamaremos Amor de Libertad; al que impacienta la opresión y que jadea por la liberación.

—Phillis Wheatley

«Nunca tenemos finales felices en Shondaland, así que ¡a por nuestro momentazo! ¡Que Simon sea feliz y coma perdiz!».
—Shonda Rhimes

EL DUQUE DE HASTINGS

«No puedo dejar de pensar en ti. Te cuelas en mis mañanas, en las noches silenciosas y en mis sueños en los que habitas... No paro de pensar en ti. Soy tuyo, Daphne. Siempre he sido tuyo».

SHONDA SOBRE SIMON Y LA IMPORTANCIA DE LOS PROTAGONISTAS: Encontrar al protagonista adecuado es lo más importante. Quieres a alguien multifacético, que exprese complejidad, un verdadero actor. No quieres a alguien que sea guapo sin más; necesitas a alguien con profundidad, comprometido con el personaje y que aporte algo especial a la cámara.

Costó mucho encontrar a la persona adecuada para interpretar al duque. Regé había participado en una serie nuestra y es muy bueno, pero no lo conocía personalmente. Ni siquiera sabía que era británico. Vino y nos demostró que comprendía a Simon de maravilla. Regé es muy serio, también es muy gracioso, pero es muy serio al hablar de cosas importantes. Y eso me gustó, ya que sabía que necesitaba encarar al personaje de un modo que le otorgara las facetas necesarias.

BETSY: En cada temporada hay unos personajes que se enfrentan a un obstáculo (del que son conscientes o no) que les impide abrir su corazón. En el caso de Anthony, lo ha enterrado. En el caso de Simon, tiene el corazón destrozado. Simon se juró y le juró a su padre que nunca tendría un hijo por el daño cruel y horrendo que le hicieron de pequeño.

SHONDA: En realidad, no tenía padre... o tenía uno despreciable. Menos mal que tuvo a lady Danbury, que fue una presencia fuerte y maravillosa en su vida, y seguramente el motivo de que saliera tan bien, pero eso no elimina el hecho de que su padre fuera horrible.

BETSY: No, así que tenemos a un hombre, en un mundo en el que la alta sociedad exige que se case, que necesita ser un renegado porque no tiene la intención de cumplir con sus deberes maritales. Siente que no puede. De modo que desarrolla muchos mecanismos de supervivencia. Viaja mucho.

SHONDA: Me encanta cómo se refleja eso en su ropa, esas telas interesantes e inusuales, la bata, las joyas, los muebles que lleva consigo, todos los detalles que parecen exóticos y no del todo de Regencia. Le da ese toque internacional, la idea de que reúne cosas de aquí y de allá sin intención de sentar cabeza. Me pareció una forma brillante de transmitir su historia: su determinación a no dejarse atrapar por las madres ambiciosas.

BETSY: Me encantó ver cómo comprende que quiere a alguien de verdad, que eso es lo que se siente. Y fue muy interesante que, para él, sea una tortura. Ha encontrado una familia en la Inglaterra de la Regencia a la que todos envidian, en la que todos los hermanos se lo pasan bien juntos, ya discutan o charlen; una familia que está muy unida. Ha elegido a la peor persona posible para enamorarse. Es evidente que ella es la mejor, pero en la mente de Simon, es una catástrofe.

SHONDA: Una catástrofe absoluta. No ve la salida. Es irracional, pero ha construido una prisión en su cabeza.

BETSY: Ninguno de nuestros miedos es racional. Y el rencor hacia su padre tampoco tiene sentido, porque está muerto;

solo consigue hacerse daño a sí mismo. Pero todos conocemos esa sensación y lo difícil que es ver la realidad en una situación semejante. Simon necesita olvidarse de eso y dar el salto hacia algo mayor, que es el amor. Debe decidir no vivir más en el dolor del pasado, de lo contrario no tendrá futuro. Llevaba años corriendo en círculos antes de conocer a Daphne.

SHONDA: Y pese a sus esfuerzos, Daphne le revela la verdad de quién es y el hecho de que su amor es inevitable.

BETSY: Sé que los fans creen que querían ver a Simon en la temporada de Anthony, pero nunca fue una posibilidad, porque habría cambiado la historia. Daphne y Simon consiguieron su final feliz. Si él apareciera en la temporada 2, habría estado en segundo plano, señalando a la gente y pensando: «Uf, lo están pasando fatal». No creo que eso hubiera alegrado a los seguidores.

SHONDA: No, desde luego, y ese no era el objetivo, que consistía en hacer temporadas conclusivas que cierran una trama.

ADJOA ANDOH: En cierto sentido, lady Danbury le dice a Simon: «Todos sabemos cómo es el mundo, y puedes elegir no unirte a él y participar; pero lo que le dará alas a tu corazón es que te quieran».

Le está diciendo que no puede vivir con rabia y prosperar. No necesita caer en ñoñerías, puede mostrarse todo lo práctico que quiera al elegir, pero por el bien de su alma, necesita quererse, y también necesita aceptar que el mundo lo quiera. No son pamplinas, es algo muy difícil. De hecho, es más duro que lo que él quiere hacer, que es darse media vuelta y negarse a ser vulnerable. Pero en ese momento ella le dice que es lo bastante fuerte para amar. Porque a veces el amor es duro. Me encanta esa escena. Al igual que ella, él es rico y de buena posición, y eso le otorga mucho poder en el mundo. Puede permitirse amar.

Anatomía de una escena
EL DUELO

DIRECTOR: SHEREE FOLKSON • EPISODIO 104 «UN ASUNTO DE HONOR»

*«Simon ha decidido que no va a hacerle daño a Anthony.
No se trata de una venganza ni de conservar la vida; se trata de conservar
su código personal, su honor, el de Daphne e incluso el de Anthony.
Simon se ve como un amante y no como un luchador. Salvo que, irónicamente,
es un luchador. Al final, eso es lo que los hombres han hecho desde el albor
de los tiempos: subirse a un caballo con armas. Es una imbecilidad».*

—Regé-Jean Page

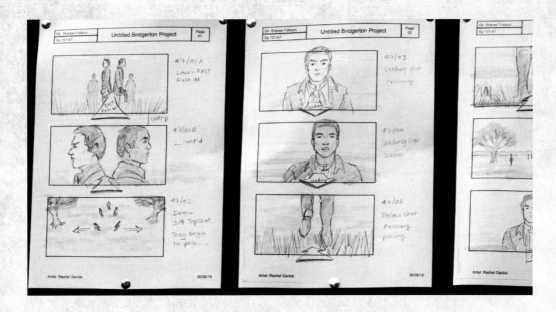

SHONDA: Me alegro de que hayamos evolucionado, al menos, para tener mejores mecanismos con los que solucionar nuestras diferencias que vernos al amanecer y matarnos a tiros. Es una locura que se considerase una forma civilizada de solucionar problemas.

BETSY: Lo más fuerte es que era ilegal. Cualquiera pensaría que esos hombres se aferrarían al límite establecido para no tener que cometer un homicidio premeditado. Había excusas de sobra para buscar otra solución.

SHONDA: Aunque me gusta cómo lo usamos en la serie, porque a través de su deseo de subir las apuestas, vemos un poco más del carácter de esos dos hombres. Da la sensación de que Anthony no está tan preocupado por el honor de Daphne como obsesionado por llegar hasta la puerta que acaba de abrirse y que lleva a la libertad. Si se ve obligado a huir, se da cuenta de que podría escaquearse de su responsabilidad y marcharse con Siena.

BETSY: Me encanta cuando Benedict vuelve a casa tras una noche de correrías en la guarida de iniquidad (y de saborear la verdadera libertad) y se topa con la certeza de que, si su hermano se marcha o muere, la diversión que empieza a disfrutar se acabará. La cara que pone en ese momento es impagable.

SHONDA: Mientras tanto, Simon cree que está siendo honorable: quiere vengarse con tantas ansias de su difunto padre y tiene tanto orgullo por mantener un juramento inútil que se hizo a sí mismo, que preferiría morir a manos de su mejor amigo antes que casarse con alguien a quien ama. El razonamiento es una locura, pero para él tiene sentido porque es lo correcto.

SHEREE FOLKSON: Ya he hecho series de época y he dirigido duelos. Pero de todas formas fue un desafío, porque hay muchos puntos de inflexión que incorporar y siempre quieres que quede cinematográfico al verlo en la tele. Grabamos planos cenitales con un dron mientras se alejan el uno del otro. También quería una toma en la que pareciera que el espectador está con ellos. Así que usamos un estabilizador de cámara. Algo muy específico para aumentar el dramatismo, y fue todo un reto.

HANNAH GREIG SOBRE LOS PRECEDENTES HISTÓRICOS DE LOS DUELOS:

Los duelos tienen una larguísima historia entre la aristocracia como método para solucionar problemas de honor masculino. Se usaban para zanjar todo tipo de discusiones o diferencias. Podían ser de índole política, social, matrimonial o sentimental. Los duelos eran ilegales, así que tenían lugar en espacios públicos, al amanecer, cuando no había nadie. Ahora parece una locura, pero los caballeros de la posición de Simon recurrían a los duelos como principal modo de solucionar disputas. Al principio, usaban espadas; en la Regencia, las pistolas eran lo habitual. Y aunque a veces disparaban al aire, ¡los duelos solían ser mortales!

«La escena del duelo fue un modo brillante de captar todo lo que se jugaban esos hombres, y también cómo imponían su voluntad a las mujeres. La verdad, en el fondo estaban jugando a ver quién se asustaba antes, y el ego masculino era tal que continuaban hasta que alguien se desplomara. Por suerte, al menos en esta ocasión, no sucede eso; aunque podría haber sucedido, porque los dos son muy tercos».

—Jonathan Bailey

FRANKI HACKETT, DOBLE DE DAPHNE, SOBRE LA CAÍDA:
La aparición de Daphne es crucial para que la escena tenga un final pacífico, pero yo tenía que caerme del caballo. Llevaba un montón de acolchado por todo el cuerpo para absorber los golpes, aunque siempre puedes caer mal y es normal acabar dolorida. Para esta escena, mi trabajo es aparecer corriendo, y cuando el caballo se encabrite, caerme en la marca. ¡Por suerte, lo hice en una sola toma!

JESS BROWNELL SOBRE CÓMO PODRÍA HABER SIDO EL DUELO:

Queríamos recalcar la prisión a la que se enfrentaban las mujeres de la época. Queríamos ver las armas y que el encuentro tuviera consecuencias críticas. Una de las sugerencias de Jonathan Igla fue que Anthony o Simon disparasen sin querer al caballo de Daphne.

Y todos en plan: «¡Sí! Eso es, se irán al suelo y el espectador se preguntará si Daphne está muerta. No, el caballo está muerto». Pero luego llegó el siguiente paso: ¿qué hacen con el caballo muerto?

Tuvimos una larga conversación antes de recordarnos que estábamos escribiendo una serie romántica, ¿de verdad alguien querría ver cómo le disparan a un animal? Probablemente no. Así que intentamos mantener en todo momento esa línea entre lo que podría ser una consecuencia crítica sin pasarse de la raya.

La FAMILIA FEATHERINGTON

PENELOPE

«No me compadezcas».

SHONDA: Penelope me parece divina, esa actitud de estar siempre suspirando por algo la convierte en alguien especial. Me gusta muchísimo.

BETSY: Sí, suspira por Colin, desde luego: está coladita. Pero en cierto sentido, él es solo un objeto para conseguir la aceptación y la seguridad que desea, un refugio seguro tras el rechazo de su familia. Es simpático y muy mono, pero tal vez no esté a la altura de su inteligencia.

SHONDA: No se puede negar que ella es brillante... ¡y sabe escribir! Me resulta interesante que aunque sea la mejor observadora de la alta sociedad en la serie, no nos zafamos de la sensación de que está atrapada en un mundo que no comprende del todo. O tal vez sea su optimismo romántico e ingenuo que se da de bruces una y otra vez con la realidad de lo que hay disponible para ella. Es como si tuviera la cara pegada al escaparate de las vidas de los demás.

BETSY: Y eso duele, lo de fijarse en el mundo cuando el mundo no se fija en ti. Aunque es muy amable (captas su empatía porque ha vivido casi siempre como una intrusa), es interesante ver que mitiga su dolor de forma constructiva. Y pese a la mordacidad y crueldad de lady Whistledown, y al hecho de que tal vez no sea «agradable» escribir cotilleos, censurar la sociedad que merece esas críticas tiene algo de revolucionario y seguramente también resulte sanador. Hay muchos aspectos en los que Penelope es muy ingenua (como en el sexo, algo muy revelador), pero aun así sabe qué decir y siempre da en el clavo.

SHONDA: Como observadora, comprende muy bien la diferencia entre lo que supone ser una Bridgerton y ser una Featherington; su consciencia del estatus social es mucho mayor que la de Eloise, en parte porque está limitada al ser lo segundo. Ser una Bridgerton es ser de oro, y no hay duda de que todas se casarán bien. Mientras tanto, ella piensa: «Mira quiénes somos, mira cómo voy vestida, mira a la advenediza social que es mi madre». Ese momento de rabia con Eloise en la temporada 1 («Eres una Bridgerton, no tienes que preocuparte de nada») es muy emotivo porque es real. Una cosa es despotricar de una sociedad que te acoge; otra muy distinta es querer formar parte de un mundo que te considera una intrusa.

BETSY: Sí, su frustración y su desesperación son palpables y muy humanas. Muchos sabemos lo que se siente al estar en los márgenes, desesperados por unirnos, pero también queriendo rechazar (y en su caso castigar) a una sociedad que a su vez la rechazaba. Y eso le da muchísimo poder: como comenta en un momento dado, incluso a la reina Carlota le falta una pluma.

NICOLA COUGHLAN: Me encanta el *yin* y el *yang* de Penelope: entre su interior y su exterior, entre Eloise y ella, entre lady Whistledown y ella. Es muy complicada y está muy polarizada: procesa su comprensión del mundo a través de lady Whistledown, pero no sus emociones. Interpreté dos papeles con Penelope y siempre necesitaba estar al tanto de lo que pasaba con su vida, lo que todos veían, y también de lo que sucedía a su alrededor en ese momento, lo que lady Whistledown observaba y describía. Cuando la gente ve de nuevo la serie tras conocer mi segunda identidad, empiezan a ver cómo lograba estar siempre presente. Dado que Penelope es tan invisible y tan obviada, se fundía con el paisaje. Pero en momentos clave, como cuando Daphne se tropieza con Simon por primera vez, o cuando baja la escalera y deja caer el abanico delante del príncipe, o cuando Simon se marcha cuando ella está bailando con el príncipe, yo estoy en primer plano de la acción. Siempre estoy observando, aunque nadie me observe a mí.

Ha sido un personaje muy interesante de interpretar. Es muy tímida y está en la base del escalafón social, pero también es la mujer más poderosa de Londres. Tiene muy poca experiencia vital, y no es especialmente taimada, pero es inteligentísima. Y cree que sabe mucho más de la vida de lo que sabe en realidad. Demuestra cierto engreimiento (en la temporada 2) que tiene sentido: si oyeras todo el rato a la gente decir lo increíble que eres y la vieras obsesionada con tu identidad, claro que te afectaría.

LA DINÁMICA DE LA FAMILIA FEATHERINGTON

HARRIET CAINS: Presentarnos a todas a la vez en el mercado matrimonial parece que era algo vulgar. Por eso nuestra presentación ante la reina fue ridícula, las tres intentando pasar por la puerta. Pienso en Polly Walker como en Kris Jenner y, evidentemente, yo soy su hija preferida. No sé si son cosas mías, mi deseo digamos, pero Philippa se cree una versión joven de su madre.

BESSIE CARTER: Estas muchachas no tienen autonomía real a pesar de llevar los vestidos más chillones y de tener el pelo más llamativo. Ni así consiguen llamar la atención. Se limitan a esperar que alguien las acepte, y eso es muy frustrante. No dejamos de fracasar, no conseguimos llamar la atención de nadie.

HARRIET: En el fondo somos una familia disfuncional, pero podemos machacarnos entre nosotras porque nadie más lo hará. Hay amor y solidaridad en la familia, junto con una buena dosis de brutalidad. Creo que es culpa del padre, la verdad: lady Featherington se encarga de muchas cosas que él desatiende.

BESSIE: Compiten entre ellas aunque están muy unidas. Se necesitan las unas a las otras. Y sí, discuten, como todas las hermanas, pero esas discusiones y rencillas son necesarias para compensar los momentos emotivos. Y los hay a espuertas. No hay verdadero amor en esa casa salvo entre las hermanas. Si se mira con atención, siempre están juntas (incluso cuando Penelope está presente) y se sientan juntas. Cuando descubren que lord Featherington está muerto, se toman de las manos.

BESSIE: Me encanta interpretar a personas que resultan irritantes, pero que todos quieren que tengan éxito. Eso es lo que pienso de la pobre Prudence. ¡Ay, Prudence! Es la mayor (la más cercana a su madre), pero también está a punto de ser una solterona. Toda su vida ha girado en torno a encontrar marido, así que es un destino espantoso. No tiene otro afán en la vida. Es lo único que le han enseñado a desear y a hacer: su madre no quiere que lean, no quiere llenarles la cabeza de ideas, solo quiere que encuentren un hombre, cualquiera.

Te imaginas a esas chicas en el baile todas las noches, durante toda la noche. Nadie las saca a bailar. Están aburridas, tristes, rechazadas. ¡Es un destino terrible! Es uno de los motivos por los que convertí a Prudence en bebedora: si va a pasarse toda la noche de pie, bien puede beber champán. ¡Es fácil identificarse con ella!

HARRIET: Me gusta creer que soy muy lista, o no tan tonta como Philippa. Aunque ese era el resumen, al que pude añadir varias facetas. En la temporada 1, es muy ingenua y está desesperada, y no hay mucha diferencia entre Prudence y ella en cuanto a estatus. Pero en la temporada 2, como mujer casada, puedo interpretar una progresión. *Chicas malas* influyó mucho, la verdad. En la temporada 2, Philippa no es mucho más lista, pero es más una Regina George con cierto estatus.

MARINA

«¿Tal vez debería engañar a un mal hombre?».

SHONDA: Marina es una intrusa en muchos sentidos: es del campo, de una clase distinta, es negra en una familia blanca y, sobre todo, cree en el amor. Aun consciente de que está embarazada, mantiene la esperanza de que su amor, George, vaya a buscarla. Es terrible ver avanzar la serie y que pase el tiempo: el no saber, la sensación de sentirse tonta, la desesperación por su futuro, reconocer que es prisionera de su destino. Y mientras tanto, captas que sabe que ha experimentado el amor y que no renunciará a eso sin más por un enlace en el mercado matrimonial.

BETSY: No sé lo que es más doloroso: la duda que empieza a asaltarla sobre los sentimientos y las intenciones de George (¿era un villano?) o la certeza de que debe empezar a mover ficha y a trazar un plan antes de quedarse sin tiempo. Además, está completamente sola.

SHONDA: Los guionistas le tenían mucha simpatía a Marina, sobre todo porque convierte a Penelope en su rival sin darse cuenta, y Penelope es muy querida. No voy a trivializar lo que siente Penelope por Colin, pero según Marina después de que George parezca haberla abandonado, el amor es, en el mejor de los casos, pasajero, y en la mayoría, mentira. De la misma manera que lady Featherington cree hacerle un favor al recalcar la realidad de su situación en la alta sociedad, en cierto sentido Marina solo está haciéndole un favor a Penelope al decirle que un amor no correspondido solo es eso.

BETSY: Mientras tanto, empieza a controlar su futuro: hace planes en la modista e intenta aprovecharse del encaprichamiento de Colin. Es el mejor camino para salvarse, a ella y a su bebé, por un «atisbo de felicidad», en sus palabras. Los fans son muy duros con ella, pero los hombres hacen movimientos tácticos todo el tiempo (para conseguir un heredero, para alcanzar estatus) y no se los condena. Ella está haciendo lo mismo, solo busca un refugio. Es imposible culparla cuando sus otras opciones son acabar sumida en el ostracismo y la pobreza o casarse con un vejestorio enfermo. No hay salida perfecta.

KELLY VALENTINE HENDRY: Le pedimos a Ruby Barker que hiciera una segunda prueba porque necesitábamos saber si podía destrozar a lady Whistledown. Y estuvo increíble. No solo bordó la escena, sino que entró en la sala y se sabía todos los nombres, qué hacía cada uno y quién era quién. Les estrechó la mano a todos. Lo enfrentó con una actitud muy profesional. Fue impresionante.

La FAMILIA SHARMA

BETSY: A mitad de la temporada 1, empezamos a hablar de la familia de Kate y decidimos que queríamos presentar una parte diferente del mundo de color. Históricamente, hay un vínculo profundo y arraigado entre India e Inglaterra, y nos encantó la idea de incorporar a esta maravillosa familia india (de linaje noble) a la alta sociedad. Es una parte intrínseca de la historia británica. El obstáculo al que se enfrentan es que la madre no se casó según los dictados familiares: se casó con un comerciante. El obstáculo solo tiene que ver con la clase, que me pareció genial, un modo distinto de afrontar las cosas.

ANNIE LACKS, VICEPRESIDENTA DE CONTENIDOS CREATIVOS DE SHONDALAND: Simone le comentó a nuestra directora de casting que deberíamos considerar a Charithra para el papel de Edwina porque las dos tienen ascendencia tamil, una región específica del sudeste asiático, sin saber que ya estábamos en ello. Durante la prueba de química entre Simone, Jonny y Charithra a través de Zoom, se me saltaron las lágrimas porque era perfecto.

«Estar en ese círculo significaba que tenías la red de contactos adecuada, que te invitaban a los bailes adecuados, que te amadrinaban las anfitrionas adecuadas y que las matriarcas poderosas como lady Danbury te conocían y te respaldaban». —Dr. Hannah Greig

KATE

«Tengo un problema con cualquier hombre que vea a la mujer como un ganado de cría».

BETSY: Kate es muy interesante. Al igual que Anthony, arrastra un gran trauma. Y de forma parecida a él, cree que su papel en la familia se centra exclusivamente en cuidar de Edwina y conseguirle lo que necesita. Sus deseos e intereses nunca se tienen en cuenta. Nunca se ha permitido imaginar lo que podría ser; nunca se ha permitido ese lujo.

SHONDA: A medida que avanza la temporada 2, queda claro que no sabe que tiene deseos y necesidades porque ha supuesto sin más que no le corresponden.

BETSY: Es casi como una madre controladora. Todo lo que ha soñado o imaginado para ella lo proyecta en Edwina. Y Edwina se lo echa en cara. Y lo entiendo. Su madre murió, luego su padre, y su madrastra es más una amiga que una madre. Mary es un encanto, pero es frágil y no resuelve problemas. Kate asumió el papel de madre y líder de la familia. Y tanto por razones emocionales como económicas, quiere asegurarse de que Edwina está bien cuidada, aunque para ella es importante que sea con alguien que la quiera y la haga feliz.

SHONDA: Sí, va unos pasos por delante de Anthony a ese respecto: no intenta librarse de Edwina, ni siquiera buscarle el mejor partido, solo quiere que esté con una buena persona. ¿Cuándo crees que Kate se da cuenta de que le gusta Anthony?

BETSY: Creo que es durante el partido de cróquet cuando por fin baja la guardia, se pone juguetona y lanza la pelota cerca de la tumba. Simone Ashley hace esa maravilla como actriz que es eliminar la dureza de la cara, y lo vemos en ese momento. No se sabe cuándo se transforma en atracción, pero esa fue la primera vez que ves un atisbo de vulnerabilidad traviesa.

SHONDA: Sí, me encanta cuando tuerce el gesto. Es gracioso que, siendo alguien tan obsesionado con controlarse (y controlar las vidas de quienes la rodean), también sea la persona más fácil de leer.

BETSY: Sí, esa es su otra línea argumental: debe someterse a sus emociones. Es una obsesa del control. Está acostumbrada a que todos hagan lo que dice. Ella manda. Y llega a Mayfair, y eso no pasa: lady Danbury no la obedece, Anthony no la obedece, el perro no la obedece. No está acostumbrada a no tener el control. Su relación es más una lucha de voluntades. Se irritan mutuamente muchísimo.

SHONDA: Y son incapaces de mantenerse alejados.

ANNIE LAKS: Teníamos una visión muy concreta de Kate. Simone Ashley siempre fue nuestra opción, pero la eligieron para una película y no sabíamos si las agendas encajarían. Organizamos que Jonny y ella hicieran una prueba de química en persona, que ayudó muchísimo, y después de eso costó ver a Kate como otra que no fuera Simone.

SIMONE ASHLEY: Hice la prueba justo cuando se estrenaba la serie, y las caras de Phoebe y Simon estaban por todas partes. La audición fue rapidísima. Recibí un mensaje de que el equipo quería verme, y en un par de semanas pasé de grabarme en vídeo y hacer pruebas por Zoom a reunirme con Jonny Bailey y hacer una prueba de química. Antes de darme cuenta, ya tenía los guiones, iba a reuniones creativas, me estaba probando pelucas y recibía clases de equitación y de baile.

SIMONE ASHLEY SOBRE INTERPRETAR A KATE: Me encanta Kate, me parece un personaje increíble. Es casi una intrusa, y una solitaria; no es de las que complacen a los demás. No teme expresar lo que piensa ni llevar la contraria, por eso la historia de amor es tan alucinante. Anthony y Kate son muy parecidos, y la historia exige paciencia. Creo que es la mejor muestra de amor por alguien, la paciencia. Anthony tiene una rara paciencia con ella porque Kate tiene un exterior muy duro, es peleona, terca y decidida, y él se ve muy reflejado. Al igual que Anthony, ella protege una tierna vulnerabilidad y también su corazón, y es muy complicada. Ha tenido una vida, una historia y una trayectoria duras al criar a Edwina.

Admiro sus valores, sus prioridades familiares y su autenticidad. No teme hacer lo que siente de verdad en cada momento, pero debe aprender a bajar la guardia, a crecer y a cambiar. Debe aprender que no siempre tienes que hacer las cosas sola, de forma independiente, y que hay fortaleza en pedir ayuda y en tener a alguien que te quiera y te cuide.

Al principio, Kate quiere pasar desapercibida de verdad: no está allí para buscar marido ni el amor. Quiere casar a Edwina, ocuparse de su familia y después regresar corriendo a India para estar sola. No se maquilla, no enseña el canalillo como las otras damas de la alta sociedad.

Sin embargo, cuanto más abre su corazón, más se libera, algo que se ve en el pelo. El maquillaje empieza a aparecer a medida que explora su femineidad. Los colores se vuelven más vivos y bonitos, más azules, que creo que es un guiño al hecho de que está destinada a ser una Bridgerton.

Anthony y Kate se parecen mucho: cargan con mucha responsabilidad y deberes, y no los entienden. Tienen caminos muy complicados y mucho trauma, sobre todo asociado a sus padres. Me da la impresión de que nunca se han topado con alguien que los comprenda de verdad. Cuando se conocen, hay química; pero también un fuego que al principio asocian con el odio. Pero el tiempo y el espacio permiten que lo que hay entre ellos crezca y se desarrolle, que se traduce en amor y comprensión. Es una historia de amor muy especial y desafiante.

Anthony está muy acostumbrando a ser el mujeriego de la época, a que todas las mujeres caigan a sus pies. Kate es inusual para él: no tiene miedo de decir lo que piensa ni de desafiarlo. Lo para en seco. Él también la desafía porque no se rinde y le demuestra paciencia. Ella no está acostumbrada a eso, ni a recibir ese tipo de atención.

LA ESCENA *HALADI*

CHARITHRA CHANDRAN: Me encanta la escena *haladi* que tengo con mi madre y mi hermana antes de la boda, es un enorme honor introducir algo tan conocido e importante de mi cultura.

SIMONE ASHLEY: Grabamos la escena *haladi* con Tom Verica, y expliqué cómo mezclaba mi madre la harina para hacer la pasta, y Tom dijo: «Hazlo así. Hazlo de forma que sea personal para ti». Solo pensarlo es una locura. Nunca creí que haría algo así en un rodaje, y menos en una serie de época. Es increíble.

EDWINA

*«Lo que soy, Kate, es una mujer adulta.
Y por primera vez en mi vida puedo tomar una decisión basada en lo que yo quiero».*

BETSY: En cierto sentido, al principio de la temporada 2, Kate y Edwina son una: si divides a dicha persona en dos, Kate es la estratega y Edwina la que disfruta, pero es la misma persona. Edwina no hace nada para complacer a Kate. Intenta ser quien Kate quiere que sea. Está dispuesta a dejar que tome todas las decisiones. El viaje de Edwina consiste en averiguar quién es cuando cae en la cuenta de que todo lo que le han dicho es mentira. Debe comprender que merece que la quieran, que merece tener una vida plena y rica.

SHONDA: Es posible, pero Edwina necesita madurar para darse cuenta. Le toca a ella hacerlo. No puede depender de que Kate tome decisiones en su nombre. Su línea argumental es reconocerlo y después aceptar su responsabilidad al ceder tan alegremente el control y dejarse mimar.

BETSY: Hasta que se da cuenta de que la han engañado, casi se muestra ufana. Entra fuerte: «Hablo todos los idiomas, bailo a la perfección, sé mantener una conversación, soy encantadora, no voy a entrometerme en tu vida». Salta a la vista que está segura de que es así y no se sorprende lo más mínimo cuando la declaran el diamante, aunque no sepa lo que significa. Cuando conoce a Anthony, comprende que es el premio gordo. Ella es la mujer más codiciada de esa temporada social, y él es su equivalente, de modo que es lo que debería desear. Se convertirán en el rey y la reina del baile. Formarán una preciosa pareja.

SHONDA: Ah, sí, en su cabeza son la pareja perfecta. Es perfecto, es el destino, tiene sentido. Y es una historia antiquísima: queremos lo que parece fuera de nuestro alcance. Aunque están comprometidos, ella se da cuenta de que no puede tenerlo por completo. Pero no sabe el motivo.

BETSY: Pero no es la primera mentira de Kate. Lleva años ocultándole cosas. Ella se merece saber la situación real, y Kate se la oculta al pensar, claro, que la protege. Pero, en realidad, Kate cree que es la única que se puede hacer cargo. Para ser justas, la ignorancia de Edwina no ayuda. Porque, en realidad, no pregunta nada.

CHARITHRA CHANDRAN SOBRE SU ELECCIÓN COMO EDWINA:

Sabía que interpretar a Edwina sería un reto porque es muy distinta a mi yo en la vida real: yo soy mucho más Kate. Habría sido fácil hacerla parecer demasiado dulce y empalagosa, pero me comprometí con ella para representarla con respeto y dignidad, para que fuera real. No quería que la vieran como un ángel, sino como un ser humano completo.

SIMONE ASHLEY: Edwina se sobrepone a muchos agravios, y para eso hay que ser muy fuerte y tolerante. Puede que se apoye mucho en Kate, pero también tiene mucho que enseñarle. Creo que en el fondo es Kate quien más aprende, una bonita vuelta de tuerca.

CHARITHRA CHANDRAN: Edwina es un personaje interesantísimo porque, como cualquier persona, no es completamente buena, aunque da esa primera impresión. El verdadero defecto de Edwina es su ensimismamiento. Quiere que su hermana encuentre a alguien y le emociona la idea del señor Dorset como pretendiente para ella, pero no persigue la felicidad de su hermana con tanta energía como Kate le demuestra a ella. Sería muy fácil pensar: «Ay, pobre Edwina, mira lo que Kate ha hecho», pero no es tan sencillo. La verdad, Edwina solo se centra en sí misma porque los demás solo se centran en ella.

SIENA

SHONDA: *Los Bridgerton* va de mujeres..., y nos referimos a todas. Incluidas las que no se consideraban «damas», en palabras de Anthony. En realidad, esa designación se aplicaba a un reducidísimo grupo de mujeres de la alta sociedad. Las demás, como Siena, quedaban fuera de la denominación, pero había muchas ventajas para ellas, incluida la oportunidad de elegir su camino.

BETSY: Sí, las mujeres como Siena tenían mucha más libertad teórica y, sin embargo, mucho menos «valor». Anthony la desea, tal vez incluso la ame hasta donde es capaz en ese momento de su vida, pero no la considera como posible esposa. Está claro que ni siquiera se lo ha planteado. Como ella dice, es la mujer que ama en la oscuridad, y nunca parece pensar siquiera en lo que siente ella.

SHONDA: Siena representa para mí el lado más oscuro de esa sociedad: es una cantante de ópera con mucho éxito, y una chica impresionante e inteligente, y sin embargo debe encontrar un hombre que la mantenga. Alguien que sea su paladín y que la cuide. A diferencia de Madame Delacroix, que dirige su propio negocio, Siena necesita un mecenas, y eso suele acabar en una forma de prostitución. Está claro que siente algo muy profundo por Anthony, pero no a costa de su propia supervivencia. No se olvida de la realidad ni de los aspectos prácticos de su situación, ni tampoco del poder que puede ostentar, que es su belleza, su talento y su destreza sexual. Sabe que tiene que aprovechar ese atractivo para asegurarse de cubrir sus necesidades. Tiene esa gran frase: «No soy una inocente debutante. Los caballeros no me contratan para eso».

SABRINA BARTLETT: Creo que Siena tiene una de las líneas argumentales más interesantes: decide por sí misma. Lo más jugoso es el tira y afloja con Anthony, y el miedo palpable que ambos sienten: uno de hacer una proposición, el otro de traicionar. Tienen miedo y, metafóricamente, están dejando al otro en la estacada, abandonado. Esa escena final en la que ella le dice a Anthony que la deje marchar... Aún se me pone la piel de gallina. Muchas mujeres se identifican con ese momento, cuando te llevan al límite y reconoces que eres lo bastante fuerte para decir: «No, se acabó. Me elijo a mí, me elijo a mí».

JULIA QUINN SOBRE SIENA: Me encantó el personaje, aunque solo se menciona de pasada en *El vizconde que me amó*, donde se llama Maria. Me encanta lo que han hecho con ella, el mundo que le han creado. Ofrece un verdadero contrapunto al resto de mujeres.

GENEVIEVE DELACROIX

SHONDA: Me reí a carcajadas cuando me enteré por Jess Brownell de que Madame Delacroix se llama así por el agua LaCroix, un producto esencial para los guionistas, pero es perfecto para ella. Porque es una chica británica con acento barriobajero que se hace pasar por francesa para diferenciarse en la alta sociedad... y crear cierto exotismo.

BETSY: La ironía, por supuesto, es que no necesita ser exótica; ya lo es por el simple hecho de llevar su propio negocio y de hacer lo que le plazca. A diferencia de las mujeres de la alta sociedad, tiene libertad; y a diferencia de Siena, que necesita un hombre de alcurnia que sufrague sus gastos, se mantiene a sí misma. No está limitada por la «buena sociedad», tiene un negocio próspero y probablemente emplea a muchas otras mujeres, gana y gasta su propio dinero. Se viste como un hombre si quiere, fuma hachís, hace tríos. Es decir, ¡que vive de verdad!

SHONDA: ¡Definitivamente tiene una proyección muy creativa! Me resulta interesante que crea necesitar artificios, aunque podríamos preguntarnos si finge el acento para sentirse mejor o para alimentar los egos de las mujeres a las que viste, ya que París era la meca de la alta costura, como lo es ahora. Desde luego, su acento no perjudicaba al negocio.

BETSY: Sí, no creo que sufra de baja estima. Creo que ve la alta sociedad tal y como es: le divierte, le encantan los cotilleos picantes; pero, a la hora de la verdad, no le afecta. Relacionarse con esas damas elegantes no la deja sin aliento, aunque no dudaría en quedarse con su dinero y gastárselo como quisiera.

KATHRYN DRYSDALE: No conté en ningún momento con la historia previa de Genevieve, así que puede ser flexible con lo que estaba creando, que siempre es un lujo maravilloso. Sabía que tenía mucha libertad y que había creado un personaje para sobrevivir, lo había creado para las mujeres que le compraban los vestidos y se gastaban mucho dinero. Al parecer, era muy habitual en la época imitar a las modistas francesas, porque las mejores procedían de Francia. Así que para competir, las británicas fingían ser francesas.

Como documentación, estudié a un sastre actual llamado Zack Pinsent. Tiene tutoriales en Instagram y es bastante famoso, con muchos seguidores. Confecciona ropa de Regencia fiel a la época para otras personas. He visto gran parte de su trabajo y he investigado sobre las modistas de la época. Al final, desarrollé dos posturas: me encorvo más y tengo el cuerpo más relajado cuando estoy con Siena y Benedict. Mi ritmo es distinto, y también hablo con voz más aguda. Pero cuando trabajo con clientas como Madame Delacroix, me yergo todo lo que puedo, bajo la voz hasta que me sale un poco jadeante y me muevo más despacio.

«La reconstrucción del mundo en las series de época se basa en la investigación. Miramos bocetos, pinturas, publicaciones y documentos, e intentamos descubrir cómo lograban ciertos efectos y cómo se hacían las cosas. A veces los historiadores lo saben, pero no es lo habitual porque muchas cosas son específicas. Es necesario experimentar mucho y pensar para conseguir algo que sea idéntico al pasado usando la tecnología actual».

—Will Hughes-Jones

4
LA CONSTRUCCIÓN DEL MUNDO

«Recuerdo que un día fui a la oficina de diseño de producción para conocer al increíble equipo de artistas que le daban vida al mundo, y no solo habían impreso la columna de cotilleos de lady Whistledown en una prensa de la época, sino que además tenían opciones: diferentes camafeos y tipos de fuentes. La cantidad de piezas que diseñaron para crear y conformar el mundo eran infinitas. Me sentí inmersa por completo. No eran simples decorados de casas: te sentías como si estuvieras en ese mundo. Lo mismo ocurre con los blasones familiares de los carruajes en los exteriores. Son detalles sutiles fáciles de pasar por alto, pero el nivel de atención que se les presta hace que cada escena parezca inmersiva y viva».

—Betsy Beers

Las complejidades de la producción

SARA FISCHER, DIRECTORA DE PRODUCCIÓN DE SHONDALAND:
Mis amigos siempre me dicen lo mucho que lamentan que tenga que pasarme el día trabajando cuando viajo durante una producción. Siempre contesto: «¿Estás de broma?». Tengo acceso a lugares que los turistas no pueden visitar. Nos llevan hasta la puerta de esas mansiones tan increíbles y podemos visitar todas las habitaciones. Recuerdo el día que vi por primera vez Bridgerton House cubierta de glicinia; me pareció un cuadro.

Analizándolo ahora, optar por hacer nuestro primer trabajo para Netflix en forma de gigantesca serie de época en un país donde no habíamos trabajado antes tal vez no fuera la mejor decisión. Fue un proyecto colosal, con unos cuantos sobresaltos que aumentaron la emoción y por decirlo suavemente... ¡un reto logístico! Normalmente, en el Reino Unido se necesitan entre dieciséis y dieciocho semanas para que una producción comience a funcionar. Y una vez que empiezas es un no parar. El tren va a toda velocidad por la vía y detenerlo supone un coste prohibitivo. Eso es así porque hay muchas series de época rodándose a la vez y las localizaciones donde se puede grabar son limitadas, así que es una competición. Por no mencionar la gente que alquila dichas localizaciones para celebrar fiestas o bodas en esas propiedades.

El otro obstáculo que presenta rodar en el Reino Unido es que son mucho más sensibles con sus vidas: no hacen horas extras como en EE.UU. Saben que si empiezan a las 8 de la mañana, se irán a casa a las 6 de la tarde. Así que tuvimos que incluir más días en la planificación. Nos instalamos y empezamos a construir los decorados en un antiguo almacén de alfombras y moquetas, una nave industrial inmensa con techos de doce metros de alto. Las oficinas eran preciosas; los decorados, increíbles. Estábamos listos para empezar. Y empezó a llover, como suele pasar en Londres, y el techo se cayó. Literalmente. Faltaban siete semanas para el inicio del rodaje.

Dado que tuvimos que construir los decorados de cero (por segunda vez), tuvimos que rehacer la planificación y rodar a lo loco: nos desplazamos primero a las localizaciones, desde julio a diciembre, y una vez que se reconstruyeron los decorados llamamos de nuevo a los directores. Fue una locura, pero lo superamos.

El espectador no imagina la complejidad de lo que sucede detrás de la cámara. Desplazar a tantísimas personas de una punta a otra del país, y alojarlas en pequeños pueblecitos. Encontrar habitación para todos era un desafío. Uno de los pequeños milagros del equipo de producción. Ten en cuenta que todos los actores principales, los extras y los bailarines pasan por las manos de diez o quince personas antes de llegar al set de grabación. Pasan por maquillaje, peluquería y vestuario, que incluye ropa interior y exterior, además de las joyas. Es imposible imaginar la magnitud del proyecto.

Y no sería emocionante sin imprevistos de última hora que nos mantuvieran ocupados: los cambios de planes eran habituales. Por ejemplo, las Sharma iban a tener su propia casa en Grosvenor Square para la temporada social, y eso fue lo que se planeó en producción. Con los decorados construidos, nos dijeron que vivirían con lady Danbury, así que Will recicló la casa para convertirla en la de lady Danbury. Lo cambiamos todo, hasta los colores, para lograr ese precioso rosa. Nos las apañamos para que funcionase.

SARADA MCDERMOTT, PRODUCTORA: A veces me despertaba y no sabía en qué ciudad estaba porque llevábamos 17 semanas en la carretera. Éramos un circo ambulante. Quizá uno de los mayores retos de la temporada 1 fueron los bailes, una enorme carga para el equipo de producción, por decirlo suavemente. Intentamos que se diferenciaran unos de otros, así que necesitábamos malabaristas de fuego, bailarines en jaulas, ¡necesitamos espectáculo, grandiosidad y color!

ALISON EAKLE: La verdad, nunca sabemos qué va a resultar difícil en cuanto a producción o a efectos visuales. Aunque los bailes eran donde la alta sociedad se relacionaba y los jóvenes coqueteaban bajo vigilancia, tuvimos que reducir el número. Sabíamos que tanto la audiencia como el equipo de producción acabarían hartos de bailes, así que usamos los paseos por Hyde Park como recurso del mercado matrimonial. De ahí el combate de boxeo y la carrera de caballos de la temporada 2.

SARADA: Ahora hace gracia, pero Chris siempre nos prometía que dejaría de escribir bailes (nos engañó).

**SARA FISCHER
SOBRE LA COVID:**

La temporada 1 terminó justo cuando empezaba la pandemia. Creo que mandamos a la gente de vuelta a casa dos semanas antes del confinamiento. Pero la temporada 2 empezó cuando llevábamos un año de pandemia. Fue una hazaña completar el rodaje de una serie de esta envergadura en esas condiciones. Resultó muy estresante. Necesitábamos mucho espacio y equipo adicional. Nuestra prioridad era crear el entorno más seguro. Según planificábamos, nos dimos cuenta de los desafíos. No podíamos meter el mismo número de personas en un remolque de maquillaje, debíamos mantener las distancias en los exteriores y necesitábamos tiendas de campaña gigantescas para poder alimentar a todo el mundo.

Los retrasos en la producción son importantes (pérdida de tiempo y dinero), pero el miedo a que la gente enfermara era real. Nadie quería llamar a un actor o a un miembro del equipo para decirle que había estado expuesto al virus.

Michelle Wright, la productora de la temporada 2 hizo un trabajo excelente. Era su primera serie, pero lo hizo genial. Michelle dijo que el rodaje de dos episodios de *Los Bridgerton* equivalía a la producción de la película *Cruella*, que había terminado poco antes. Quedó impresionada por la magnitud. Durante la pandemia produjo «cuatro Cruellas».

**MICHELLE WRIGHT,
SOBRE LAS COMPLICACIONES
DE LA PANDEMIA:**

Estábamos en pleno confinamiento cuando Sara Fischer me llamó para hablar de la temporada 2 de *Los Bridgerton*. Estoy acostumbrada a la producción a gran escala, pero esa serie era inmensa. Hacíamos pruebas a 500 o 600 personas al día para asegurarnos de que no tenían el virus, y duró unos 150 días. En aquel entonces, no podía haber más de dos personas en una furgoneta con las ventanas abiertas, así que imagínate, con 150 extras, la cantidad de vehículos que necesitamos. El presupuesto para transporte y seguridad era enorme. Por suerte, teníamos un equipo de producción fantástico. Éramos unas ocho personas en la oficina principal incluyendo

secretarios, coordinadores, asistentes, supervisores COVID y Simon Fraser, nuestro increíble productor de línea. Fue un trabajo en grupo descomunal en una situación muy humana; todos pusimos nuestro granito de arena.

Las reuniones de la alta sociedad

SHONDA: Hay muchos bailes en la serie porque eran uno de los recursos principales para que la alta sociedad se reuniera y es en ellos donde vemos a todo el elenco en un mismo espacio. Ya imaginas que el trabajo que necesitan es increíble. Cada baile requiere un diseño propio, vestuario, coreografía y música antes de empezar siquiera a planear cómo rodar las escenas entre los actores.

BETSY: Porque en los bailes sucedían cosas. Eran el centro de la vida social. La directora Julie Anne Robinson dijo que durante el baile de lady Danbury en la temporada 1 tuvo que grabar más de treinta escenas entre Anthony y Daphne mientras se movían por el salón. Mostrar ese mundo y esos momentos desde todos los ángulos sin cortes para el espectador es un logro increíble.

SHONDA: Es una metáfora de lo que se debía sentir en la época cuando se asistía a uno. Ibas para que te vieran y, lo más importante para las debutantes, para encontrar la pareja que definiría el resto de tu vida. Pero también ibas para ver a los demás. Las listas de invitados llegaban a mil en algunos bailes. Me duelen los pies solo de pensarlo.

BETSY: Y para muchas de estas jóvenes, los bailes son su primera experiencia en sociedad, su primera exhibición. Es como ir al baile de fin de curso todas las noches, vigilada por tus padres. Un cóctel de nervios, inseguridad, curiosidad, emoción y deseo. Pero a lo grande.

SHONDA: Y con corsé. Así que aunque el espectáculo y la emoción de encontrar pareja te dejen sin aliento, lo cierto es que no puedes respirar. Jadear mientras se bailaba también estaba mal visto.

BETSY: Supongo que también pasarían muchísimo calor. En pleno verano, sin aire acondicionado, y cientos de aristócratas sudando la gota gorda. ¡Con razón les gustaban tanto los abanicos! Al parecer, por eso se decoraba el suelo con tiza, para que los bailarines no se resbalaran. Parece insoportable por la ansiedad que debía generar, pero al mismo tiempo también parece romántico y divertidísimo.

Anatomía de una escena
EL BAILE DE LADY DANBURY

DIRECTORA: JULIE ANNE ROBINSON • EPISODIO: 101 «UN DIAMANTE DE PRIMERA»

LOCALIZACIÓN: Assembly Rooms, Bath

CANCIÓN: «Thank U, Next», de Vitamin String Quartet

MEJOR FRASE: «Lo mejor que puedes hacer es no bailar y dejar a todos con las ganas. Si alguien sabe cómo funciona esto, es tu hermano mayor».
—ANTHONY BRIDGERTON

MOMENTAZO: ¡El encontronazo entre Simon y Daphne!

ELENCO: Actores principales, 140 extras que incluyen: 6 lacayos Danbury, 24 bailarines, 4 madres, 43 damas, 42 aristócratas, 13 militares y 8 músicos.

EQUIPO: principal, más 1 estilista gastronómico, 2 supervisores SFX, 2 coreógrafos, 6 cámaras, 4 electricistas, 31 costureras, 44 peluqueros y maquilladores, 3 médicos, 3 técnicos de sonido, asesor de dicción, asesor de etiqueta.

JULIE ANNE ROBINSON: Es una de las escenas con más interacciones de toda la serie. Los Bridgerton llegan y todo el mundo los mira mientras pasean por el salón. Anthony empieza a descartar pretendientes. Y también suceden otras cosas: Nigel Berbrooke se lanza; Colin ve a Marina y se une al enjambre; Simon y Daphne se conocen; las Featherington se abalanzan sobre el duque. Hay treinta y tres escenas distintas que mostrar, cada una en un sitio distinto y con diálogo. Para grabar el sonido, todos los bailarines llevaban auriculares diminutos debajo de las pelucas y así podían oír la música, pero el resto del salón estaba en completo silencio salvo por los actores mientras decían sus líneas, que sabían exactamente donde debían colocarse porque todo estaba coreografiado al milímetro.

«Las arañas de cristal costaban cinco millones de libras... cada una. Me dijeron que se podía ajustar la altura mediante unas poleas, así que Jeff Jur y yo decidimos colocarlas justo sobre las cabezas de los bailarines para que apareciesen en todos los planos. La grúa con la que estábamos grabando los planos cenitales y superiores me ponía los pelos de punta cada vez que se acercaba demasiado a alguna».

—Julie Anne Robinson

«Celebrar bailes era un símbolo de estatus. Durante la temporada, que duraba seis meses, todas las duquesas celebraban uno. Intercambiaban correspondencia desde sus mansiones en el campo para asegurarse de que las fechas no coincidieran, ya que invitaban prácticamente a las mismas personas. Esa noche las casas se decoraban de forma especial, había comida increíble, música y entretenimientos. En Los Bridgerton, lady Danbury es la anfitriona del baile inaugural de la temporada, un privilegio concedido solo a la anfitriona por excelencia».

—Dr. Hannah Greig

«Cada baile tiene un número distinto de bailarines, según el tamaño del salón y el número de actores con el que estuviéramos trabajando, además del número de músicos con los que también debíamos contar. El baile de Julie Anne en Danbury Hall es mágico y enorme. Lo abordó como una ópera, y fue épico. Recuerdo muy bien los ensayos. ¡Fue el día más caluroso del año! Teníamos 24 bailarines, mientras que con Tom trabajamos con 12 que grabaron cuatro bailes en ocho días. Eran escenas en distintas estancias del mismo edificio, sin la grandiosidad del primer baile. Tom lo abordó de forma que resaltáramos ciertos detalles en los que no habíamos pensado. Pero ¡cuatro bailes en ocho días! ¡Tom Verica es mi héroe!»

—Jack Murphy

«Los miembros de la alta sociedad de la Regencia gastaban mucho en su vestuario porque cada prenda era objeto de escrutinio: se pasaban la vida en un escenario, aunque solo estuvieran paseando por Hyde Park. Podría decirse que era una alfombra roja permanente, y al igual que las alfombras rojas de hoy, lo que llevaban impulsaba las tendencias de moda para el resto del país».

—Dr. Hannah Greig

El diseño del vestuario

**ELLEN MIROJNICK SOBRE CREAR UN TALLER
DE VESTUARIO DESDE CERO:**

Vestir al elenco fue todo un reto. La estrategia consistió en crear cientos de prendas básicas que después se adornaban para diferenciarlas. Nos decidimos por dos o tres siluetas distintas para el vestuario femenino y para el masculino, e implementamos un proceso que yo llamo: «amontona y cose». Se colocan las telas unas sobre otras y se cortan treinta vestidos a la vez. Teníamos costureras en Budapest, Madrid y Nueva York, cortando y cosiendo. Y a un sastre maravilloso llamado Gabor que fue el encargado de los chalecos, las chaquetas y los pantalones.

Cuando teníamos las prendas básicas, se adornaban para asegurarnos de que cada una era única. Siempre decíamos que las Bridgerton eran un *macaroon* y las Featherington, un cítrico, así que usábamos eso como base para definir el resto del vestuario.

El asistente de vestuario John Glaser creó un fondo maravilloso de personajes extra, lleno de detalles, y les probó todas las prendas, como si formaran parte del elenco principal, algo que no es habitual. Impulsamos a las modistas a llegar a un punto creativo nunca visto, porque esta versión de la Inglaterra de la Regencia les era desconocida.

Creamos 750 piezas, incluyendo la ropa interior, sin contar zapatos y joyas. Una cifra asombrosa.

ELLEN SOBRE LA PRIMERA IMPRESIÓN DE SHONDA:

Como es habitual, Shonda quiso echarle un vistazo al vestuario antes de empezar el rodaje, para ver cómo íbamos. Fue un momento electrizante. Organizamos la paleta de colores para que la viera, y todas las imágenes en las que nos habíamos inspirado. Colocamos los preciosos camisones bordados en maniquíes, pero también queríamos que viera cómo íbamos a adaptar la silueta para la serie, de manera que también expusimos un vestido básico de color magenta.

La silueta era correcta, pero allí sentada con los demás me di cuenta de que no nos habíamos alejado lo suficiente de la realidad. Era un vestido de época de un color precioso, pero pensé: «Esto no nos sirve». Aunque no sé de patronaje ni de telas, tengo la capacidad de visualizar y no me asusta probar cosas nuevas, aunque no sean perfectas.

Se me encendió la bombilla mientras esperábamos la videollamada de Shonda, así que empecé a envolver el vestido con capas y capas de tul. Después, le coloqué una enorme flor en un hombro. Parecía un tanto impresionista, y fue en ese momento cuando nació el estilo de *Los Bridgerton*.

«Tuvimos que crear una cantidad increíble de trajes. El vestuario costó una fortuna. Ellen Mirojnick se lo pasaba en grande, gastándose ochenta mil por aquí y por allá en material. Cuando llegaban las facturas, decíamos: "¡Ya ha ido Ellen de compras otra vez!". Al final, el taller creó mil ochocientas prendas, todas catalogadas. Solo Phoebe tenía ochenta y seis vestidos».

—Sarada McDermott

Betsy y Shonda
sobre el corsé como metáfora

SHONDA: Los corsés son una pieza clave en el lenguaje visual de la serie, porque son la metáfora perfecta de la época y de las restricciones que sufrían las mujeres (físicas, desde luego, ¡moverse y respirar con un corsé es dificilísimo!), pero también por la idea de que la sociedad limitaba tu cuerpo y dictaba cómo debías mostrarlo.

BETSY: Son todo lo contrario a la liberación. Nicola Coughlan tuvo la genialidad de comentar que una misma no puede ponerse un corsé. Esto no solo indica tu estatus social (se necesita alguien que lo ajuste), sino que ahonda en la idea de que alguien te encorsetaba. Impedía la independencia de las mujeres y las transformaba de actrices a atrezo.

SHONDA: Ellen Mirojnick dice que los corsés se diseñaron para acentuar la cintura, obviamente, pero en realidad la idea era crear una figura femenina similar a la de un jarrón o florero, siendo la cabeza la flor que sobresalía. Es el epítome de la cosificación.

BETSY: Sí, y lo vemos en la conversación entre Eloise y Penelope en la galería mientras contemplan el cuadro de las ninfas. Eloise dice que como todos los cuadros pintados por hombres, las mujeres son simples objetos decorativos. Y Penelope añade la idea de que son jarrones humanos. Si seguimos ahondando en la idea, la conclusión natural es que en la Inglaterra de la Regencia las mujeres eran vasijas decorativas que engendraban hijos. ¡No es una idea muy reconfortante!

HANNAH GREIG SOBRE LOS COLORES Y LOS VESTIDOS DE LA ÉPOCA:

La gente se sorprende por los colores de *Los Bridgerton*, pero es importante recordar que cuando vemos telas de la época en museos, tienen doscientos años de antigüedad; es decir, que están descoloridas. Hay que usar la imaginación para recrear la ropa de la época cuando fuese nueva y resplandeciera a la luz de las velas.

Además, los museos suelen buscar objetos que en su época se consideraran de buen gusto. Y nos olvidamos de que esto influye en nuestra manera de imaginar la historia. Con el tiempo, la estética de mal gusto desaparece por completo de periodos enteros. Muchas de las combinaciones de colores de la serie forman parte de la paleta clásica de la Regencia: los tonos claros, los vestidos blancos y beiges; casi todo el vestuario de *Los Bridgerton* sigue la estética de la época. Las combinaciones chillonas de las Featherington pueden parecer exageradas e improbables, pero ese tipo de telas captan el espíritu de los que seguían otras tendencias, vestían pasados de moda o tal vez no entendían el concepto estético imperante.

La serie también corrige algo que otras hacen mal: el Technicolor incluye a todas las clases sociales. Me frustra muchísimo ver que las clases sociales bajas y los criados van desaliñados y con ropa anodina. La moda no solo era un privilegio de los millonarios; al igual que ahora, había distintos precios. Las doncellas personales y las jóvenes también vestían a la moda, junto con las actrices y otras mujeres que conseguían hacerse famosas; la aristocracia no era la única que se vestía para impresionar.

Ellen sobre el vestuario de la alta sociedad

El vestuario de Daphne:

Daphne es el único personaje de la serie que tiene un diseño sencillo en su vestuario. Queríamos mantener la silueta y la paleta de colores lo más elegantes y refinadas posible.

Por eso casi no hay adornos, solo color, forma, ¡y ella misma! Sus accesorios son diminutos, nada es exagerado ni reseñable. Es un soplo de belleza. Su peinado y maquillaje se diseñaron inspirándose en Audrey Hepburn en *Guerra y Paz*. Sus vestidos de noche llevan guarniciones cosidas a mano y cada uno de ellos tiene un diseño distinto, aunque siempre sutil. Es muy difícil conseguirlo, la verdad, porque el fin es que el corte y el movimiento de los vestidos sean divinos.

A medida que evoluciona y madura, deja de ser una muñeca de porcelana; se convierte en una mujer madura, algo que logramos cambiando la paleta hacia tonos más oscuros e intensos. No queríamos que pareciera mayor (al fin y al cabo, no lo es), pero gracias a su relación con Simon se vuelve más sensual y queríamos reflejarlo en su ropa, al igual que se refleja con sutileza en el maquillaje y en el pelo.

«Es curioso recordar las primeras versiones, porque en realidad reimaginamos a Daphne. Al principio quería estudiar en Oxford, pero tuvo que dejar de lado esas aspiraciones para entrar en el mercado matrimonial como la obediente hija mayor. (Aspiraciones que después recogió Eloise). Pero Chris se dio cuenta de que sería mucho más divertido tener una chica que no se viera obligada a reprimir sus deseos, preparada para entrar en el mercado matrimonial. Una chica tan perfecta y dispuesta a encontrar su media naranja que, cuando el asunto se estropea hasta un límite casi catastrófico, su historia impulsa la trama principal».

—Alison Eakle

El vestuario de lady Featherington:

El objetivo era transmitir que, dado que carece de estatus por sí misma, usa la opulencia de sus vestidos para dejar claro el lugar que ocupa. Los Featherington son «nuevos ricos» y quieren encajar. Aunque parezca irónico, solo sabe hacerlo atrayendo la máxima atención posible sobre ella y sobre sus hijas.

En ese periodo histórico, las mujeres de su estatus social se cambiaban de ropa cuatro o cinco veces al día. Había vestidos de mañana, vestidos de paseo, vestidos para tomar el té y vestidos para la cena. Además de los vestidos de baile, por supuesto, y quizá hubiera algún otro cambio entre todos ellos.

Así que cuando dice que necesita diez vestidos más, lo dice en serio. No podías llevar el mismo vestido dos veces. A ese nivel, nadie quería dar la impresión de que andaba corto de dinero.

El vestuario de la reina:

Golda llegó a la primera prueba de vestuario llena de pasión y energía. Tenía un brillo travieso y emocionado en la mirada. La verdad, había dejado a Golda al otro lado de la puerta y había comenzado el proceso de convertirse en la reina Carlota. Fue emocionante estar con ella en la estancia.

Aceptó todas nuestras propuestas. Lo bueno que tiene es que puede llevar perfectamente cualquiera de nuestras creaciones. Esa energía chispeante que transmite inspiraba y reforzaba las combinaciones de colores, las sedas y los adornos que íbamos añadiendo. Golda iluminó con su resplandor a la reina Carlota.

«Golda lleva los vestidos de la corte, tal como hacía la reina Carlota (esas faldas enormes con tontillo), aunque en realidad eran una reminiscencia del estilo dieciochesco. Históricamente, la reina no seguía el estilo de la época de la Regencia que era el talle imperio. Su corte continuaba con la silueta característica de 1870 en adelante. Lo que descubrí en el set de grabación fue que los vestidos de Golda eran tan voluminosos que nadie podía acercarse a ella ni rozarla siquiera. Su vestuario la aísla y había que mantenerse alejado de ella. Como historiadora, me encantan esos momentos en los que se te enciende la bombilla y comprendes el poder de la ropa. Y lo intimidante que puede ser, ya que la ropa femenina tenía unas consecuencias físicas reales y palpables».

—Dr. Hannah Greig

HANNAH GREIG SOBRE LAS JOYAS DE LA ÉPOCA:

Ellen y John usaron una cantidad increíble de joyas y accesorios. En vez de quitar, ellos añadían más y más. Los brillos y el exceso reflejan la energía de la época y el propósito de la alta sociedad: lucirse al máximo. La aristocracia llevaba joyas en todo momento. Y no solo las mujeres. Las chaquetas masculinas llevaban botones con metales y piedras preciosas, o cajitas de rape, relojes de bolsillo y espadas con incrustaciones de diamantes. En *Los Bridgerton* el duque de Hastings casi siempre lleva un broche. Creo que era de su madre. Como historiadora, siempre me ha interesado ese detalle de la época, lo enjoyados que iban todos. Es la primera vez que veo que cobra vida en la pantalla.

Ya sabemos que en la serie las mariposas (las Featherington) y las abejas (los Bridgerton) son símbolos. La idea de reflejar el linaje familiar en la ropa y en los accesorios no era inusual en la Regencia.

«Diseñamos las joyas más importantes y creamos tiaras, pasadores, collares y anillos, basándonos en piezas históricas. Queríamos transmitir esa sensación de fastuosidad. Lorenzo Mancianti las diseñaba y tallaba las piedras dependiendo del color que queríamos».

—Ellen Mirojnick

El vestuario de lady Danbury:

«Lady Danbury puede hacer lo que quiera, ir adonde quiera y llevar el tipo de vida londinense que desee. Es una viuda rica, con título, dinero y libertad para hacer lo que le plazca. Su vestuario lo transmite: sombrero de copa, chaqueta a medida y un bastón que lleva con estilo y autoridad. Su vestuario y su porte la convierten en el centro de atención de la sala, como si comandara un ejército».

—Dr. Hannah Greig

*«Quería una silueta simple, un sombrero,
un bastón y un cigarro, porque es viuda y adopta actitudes
masculinas. Algo en ella sugiere que sabe lo que es la vida bohemia.
Frecuenta a Benedict y a otros artistas. Es amiga de Lucy y Henry
Granville. Está al tanto de los secretos. Lo ha visto todo
y es imperturbable».*

—Adjoa Andoh

El vestuario de Penelope:

Nicola fue una de las primeras actrices seleccionadas, y la hicimos venir para fotografiarla con distintos amarillos, verdes y naranjas para determinar qué tonos cítricos podría llevar. Aunque las Featherington son «llamativas», no queríamos que Penelope pareciera vulgar, porque es un personaje serio. Además, debíamos tener en cuenta las pelucas pelirrojas.

Si te fijas bien, en el primer baile lleva una mariposa en el corpiño del vestido que fue bordada a mano y adornada con cristales de Swarovski. El tono es un amarillo intenso, y resulta impresionante. En Vauxhall llevaba un colgante con forma de mariposa y un precioso vestido en tonos rosas. Tal como le dice a Colin, si lleva otro color que no sea amarillo, es porque su madre no asiste al baile.

Vestuario de Eloise:

Eloise se niega a parecer femenina. De hecho, detesta la idea de tener que vestirse como una jovencita. A lo largo de la temporada 1 vemos que se niega a llevar vestidos más largos. Sabe que en cuanto lo haga, tendrá que enfrentarse al mercado matrimonial.

Se abotona hasta el cuello y no le interesa enseñar nada. Añadimos detalles masculinos muy sutiles, como telas de rayas que suavizábamos con otras transparentes para que resultasen más femeninas. Le hicimos una chaqueta que parecía un frac masculino. Y el resto dejamos que lo transmitiera con su lenguaje corporal, con su forma de andar, con los movimientos forzados que realiza.

Su pelo también revela mucho. Ese corte que se hace fue un estilo muy popular en la Regencia, ya que la inspiración era la antigua Grecia. Marc Pilcher lo eligió para ella porque era una polvorilla, feminista y poco femenina. Aunque parezca más desarreglado y desaliñado que el estilo de las demás chicas, es apropiado para el periodo histórico.

Sophie Canale, diseñadora de vestuario de la temporada 2:

En la temporada 2, Daphne ya es la duquesa de Hastings y puede vestirse con tonos morados y lilas, así que a veces vemos a Eloise vestida de azul, que es el color de los Bridgerton. La elección de las telas es importante para mí, porque definen a un personaje. Con los vestidos de diario de Eloise, usé rayas, cuadros y pequeños estampados que ofrecían detalles más masculinos que los estampados de flores del resto de la alta sociedad. Eloise ya es una debutante, así que creé un estilo un poco más delicado. Usé telas más suaves, como las gasas de seda, y añadimos detalles como cintas, pequeñas joyas, pasadores y broches. Su verdadera transformación queda patente en sus vestidos de baile, como el azul que lleva para el primer baile de la temporada.

Ellen Mirojnick sobre el vestuario masculino:

Queríamos que la vestimenta de los hombres también destacara, algo difícil de conseguir con el estilo propio de la época, así que nos saltamos unas cuantas convenciones. Por ejemplo, no todos pueden llevar pantalones blancos. Salvo Anthony. Él sabía llevarlos, los entendía y le quedaban bien. Pero ese no era el caso de Simon. Aunque podía llevar ropa de época y le sentaba de maravilla, los pantalones blancos no le quedaban bien. Así que aunque muchos de los pantalones parecen de la época, en realidad no lo son. Los confeccionamos con otro patrón y les cambiamos los colores. Queríamos que nuestros hombres estuvieran lo más guapos posible.

Simon había viajado antes de llegar a Londres, y queríamos reflejar eso en sus complementos. Tampoco le interesaba la opinión que los demás tenían de él, ni había crecido bajo la mirada de todo el mundo. No queríamos verlo con una corbata formal. Así que le dimos un aspecto más informal al abrirle el cuello de la camisa y colocarle un simple pañuelo.

Aunque parezca pretencioso o incorrecto, funciona a la perfección porque le sienta de maravilla. También nos tomamos algunas libertades y lo vestimos con colores que no se habrían usado en la época. Si lo hubiéramos limitado a los patrones estrictos del periodo histórico, no se vería natural, y queríamos que pareciese real.

El vestuario de Marina:

Queríamos transmitir que Marina es diferente. Más suave, del campo, más natural. Es de las pocas chicas en el mercado matrimonial que lleva estampados. Y aunque sus vestidos evolucionan para parecerse más a los de las Featherington, solo lo hacen en cuanto al color. Porque sigue destacando, y sus telas resultan más vaporosas. En cuanto al maquillaje y el peinado, también queríamos mantener esa sensación de frescura. Lleva el pelo suelto y natural, no demasiado recogido.

El estilo de la modista:

Cuando Kathryn vino para la prueba de vestuario, nos dijo que quería vestidos más coloridos que rivalizaran o igualaran los que confeccionaba para las damas de la alta sociedad. Pero la veíamos de negro, como Coco Chanel, para diferenciarse de las tendencias que creaba y para definir lo que estaba a la moda manteniéndose ajena a ella.

En la serie, la tienda de Madame Delacroix es un recurso fantástico para que las mujeres se reúnan y cotilleen. Es una forma de encontrarse unas con otras y unir distintas tramas. En la realidad, ella visitaría a esas mujeres en sus casas, y sus empleados habrían ido de un lado para otro de la ciudad, enseñando muestras de tela para que las damas eligieran.

Sophie Canale sobre las Sharma:

Tuvimos una conversación extensa con el autor-productor de la serie sobre cómo representar a la familia Sharma mediante la vestimenta de la Regencia. Acabamos usando tejidos y bordados indios. La paleta de colores de piedras preciosas que le asignamos a los vestidos de Kate Sharma es importante, y todas las joyas que llevan son de inspiración india. Aunque son vestidos con talle imperio, siempre hay detalles de su cultura. En cuanto a joyas, las Bridgerton suelen llevarlas plateadas; las Featherington, doradas; y las Sharma, de oro rosado.

Charithra Chandran sobre la evolución de Edwina:

Cuando fui a la prueba de vestuario, me emocioné muchísimo. Además, el rosa es mi color preferido y me gustó mucho que también fuera el de Edwina. Si le preguntas a los actores, todos te dirán que el vestuario de su personaje es el mejor, y eso es porque dieron en el clavo con todos.

Al principio de la temporada, Edwina lleva el pelo rizado y con mucho volumen, y tiene las mejillas muy sonrosadas. A medida que avanzamos, que ella aprende y le rompen el corazón, su estilo cambia. Hay una evolución dramática en su maquillaje, sus peinados y su ropa. Hasta en su voz. En los dos primeros episodios, habla con voz suave, como un hada, como si estuviera actuando. Pero a medida que se desilusiona con el mundo y con la gente que la rodea, su voz se hace más grave, como si ya no quisiera fingir más.

Hannah Greig sobre los uniformes de los sirvientes:

Aunque en la serie vemos que cada familia coordina sus colores con sus casas y su personal de servicio, un recurso visual que unifica entidades, es un elemento real que se usaba en la Inglaterra de la Regencia. Las familias aristocráticas londinenses uniformaban a sus criados con una librea distintiva, de manera que pudieran distinguirlos en la calle. Y, seamos sinceros, para que los demás los identificaran, porque era una manera de demostrar el estatus social.

Aunque Will Hughes-Jones dice que coordinar los uniformes de los criados con el interior de las mansiones es una forma de que se fundan con el entorno, en aquella época no habría sido necesario, ya que su presencia apenas si se percibía tal como la percibimos hoy. Las clases altas de la Regencia estaban rodeadas de gente en todo momento, algo que ya no sucede. En lo referente al lenguaje visual, sí es cierto que era necesario que pasasen desapercibidos, porque tener a un hombre de pie en la puerta puede distraer al espectador, ya que no estamos acostumbrados a ver personas a la espera en situaciones domésticas familiares.

ESPECIAL ESCENAS
BODAS

HANNAH GREIG SOBRE LAS BODAS DE POSTÍN EN LA REGENCIA:

En la Inglaterra de la Regencia, las bodas eran discretas y privadas. Asistía la familia, se estrenaba ropa (¡sobre todo si eres un Bridgerton!) y había intercambio de anillos, que serían discretos, como el que Simon le da a Daphne. El banquete de bodas también es una invención de la serie. A fin de cuentas, ¡todo es fantasía, no un documental! No habría habido tarta de tres pisos, pero me encantó la conversación de los criados sobre la falta de azúcar y sobre la blancura de la tarta. Eso es real. En aquella época el azúcar era un bien caro y escaso, y una tarta blanquísima habría sido una maravilla a sus ojos.

Los compromisos tampoco eran largos. Después de firmar las capitulaciones matrimoniales (la dote y todos esos detalles tan poco románticos), se leían las amonestaciones durante varias semanas en la iglesia. De esa manera la gente tenía la oportunidad de quejarse, protestar o detener la boda. Todo ello para proteger las propiedades. Debían asegurarse que las hijas no se fugaran con los criados, que todo el mundo fuera honorable y que nadie pudiera reclamar más tarde el título. El único sitio donde alguien se podía casar sin necesidad de amonestaciones era Gretna Green, en Escocia, adonde pretenden fugarse Marina y Colin. En la serie, la reina Carlota les ofrece una licencia especial a Simon y a Daphne para que Cressida Cowper no tenga éxito con sus calumnias. Aunque el detalle carece de rigor histórico, no podemos culpar a la familia por aprovechar la ocasión para organizar una gran fiesta.

TOM VERICA SOBRE LA BODA DE EDWINA Y ANTHONY:

Queríamos mantener el equilibrio entre el rigor histórico (las bodas de la época eran celebraciones familiares reducidas) y la visión del espectador moderno. Hay detalles clavados: la reina era la anfitriona, porque quería divertirse y su intención era invitar a toda la alta sociedad al evento. Quería sentarse en primera fila y quería el espectáculo completo. Aunque no precisamente el que presenció, la reina siempre intenta crear un espectáculo. Debía ser un evento grandioso y público.

Me gusta ser detallista, y quería usar los mismos elementos visuales que usamos en la temporada 1, cuando las manos de Simon y Daphne estuvieron a punto de rozarse delante del cuadro. De ahí el momento en el que Anthony cruza la mirada con la de Kate mientras ella recorre el pasillo antes de que entre la novia: otra vez dos personas que desean estar juntas.

Una vez que Edwina huye y descubre la verdad, hay elementos estupendos. Chris Van Dusen escribió unas escenas preciosas cargadas de vulnerabilidad, profundidad y castigo. Justo después de la boda, Edwina corrige a Kate: «medio hermana». Ese episodio y esa boda fallida son la educación de Edwina, a partir de ahí madura y encuentra su voz, se hace responsable y controla quién es.

Cuando el rey Jorge entra en la estancia, creo que hay un reconocimiento de la historia de amor de los reyes. Edwina observa el vínculo de la pareja y ve la fragilidad del monarca en ese momento. Esa reacción instintiva de ayudar a otra persona, de calmar la situación, forma parte del proceso de encontrar su voz. Es un momento espontáneo de una persona que demuestra que puede ser adulta. Edwina se hace con el control. Y para muchas personas, presenciarlo es todo un descubrimiento.

**CHARITHRA CHANDRA SOBRE
LA ESCENA DE LA BODA:**

Fue una escena aterradora porque había muchísimos extras y se hizo en tiempo real. Es un plano secuencia que empieza cuando Edwina aparece en el pasillo y acaba cuando se da media vuelta para huir, así que fue muy emocionante grabarlo todo.

Edwina se siente muy traicionada. Al final del episodio, cree que Anthony es lo peor y que puede encontrar a alguien mejor que él; pero su hermana la ha destrozado. El problema no es un hombre, es el amor fraternal entre ellas, entre dos almas gemelas. Están experimentando una ruptura y esa es la parte dolorosa. Y la verdad es que no hay villanos. Anthony y Kate no son malos. Por eso la serie es tan genial, porque todos somos personajes con matices.

Después, cuando aparece el rey, Edwina solo ve a un hombre que sufre. Y lo que quiere es aliviar su tormento y hacer que los reyes se sientan un poco mejor.

**SIMONE ASHLEY SOBRE
LA ESCENA DE LA BODA:**

Cuando conocemos a Kate es feroz, una mujer dura, pero durante la boda vemos que se va resquebrajando. Es vulnerable y tierna, y se ve que todo surge del miedo de hacer lo que realmente desea. Está demasiado acostumbrada a cuidar de los demás. Anthony la descubre en un almacén, donde la toma de la mano como si quisiera decirle: «¿Podemos hablar un momento de lo que está pasando?». Pero ella está asustada y huye.

Diseño de producción

«Aunque dice que le parecía bien romper algunas reglas, Will Hughes-Jones estaba obsesionado con los detalles de la época. Por suerte, en mis escenas no hay ningún elemento moderno (aunque algunas tomas tuvimos que repetirlas porque pasaban aviones por encima). Lo que ha hecho Will tiene mucho mérito, porque no permitió nada ajeno a la Regencia en el set de grabación. Le dijo al director artístico de grabación, David Crewdson, que se vistiera de naranja. Si había algo que a Will no le gustaba, como un tejado, David se plantaba delante y no se movía. De esa manera sabíamos que no podíamos mover la cámara porque había un tío vestido de naranja. ¡Fue un truco muy ingenioso!».

—Julie Anne Robinson

GINA CROMWELL, DECORADORA DE ESCENARIOS: Cuando Will Hughes-Jones me llamó para proponerme el trabajo, me dio pocos detalles. Pero yo oí Netflix, Shondalan, Regencia, colorido, alegre, rápida y emocionante. Su primer tiro dio en la diana: «Es como los Kennedy contra las Kardashian». La clásica familia importante, los Bridgerton, y los nuevos ricos, los Featherington.

Los productores recalcaron que todo debía parecer nuevo, tal como habría sido en aquel entonces, algo interesante, porque cuando se decoran escenarios de época, siempre tienes la impresión de que si pones algo demasiado nuevo, quedará raro. Y eso se debe a que cuando vemos objetos con pátina, con desperfectos por el uso, los espectadores modernos pensamos: «Es de época». Creemos que ahí está el encanto.

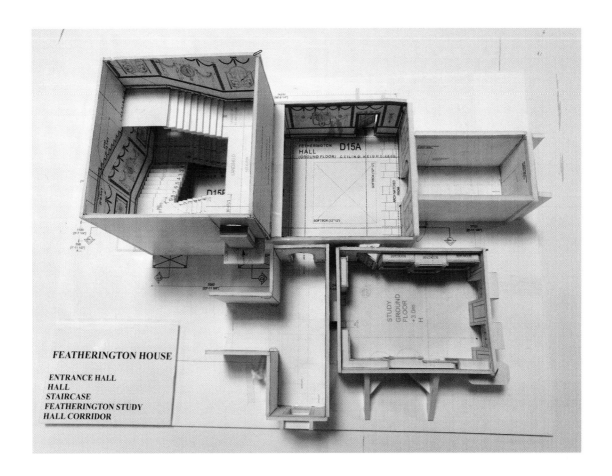

FEATHERINGTON HOUSE

ENTRANCE HALL
HALL
STAIRCASE
FEATHERINGTON STUDY
HALL CORRIDOR

WILL HUGHES-JONES: Comparamos los tableros de inspiración que estaba preparando Ellen para el vestuario con las localizaciones y descubrimos la fórmula que nos permitiría construir lo que queríamos. Dado que Chris Van Dusen no dejaba de recordarnos que quería resaltar el aspecto visual, lo multiplicamos todo por veinte para aumentar el color, la riqueza y la escala.

Una vez decididas las paletas de colores de cada familia, mantuvimos conversaciones creativas con todos incluyendo Jeff Jur, el director de fotografía, dado que era responsable del tono de la serie con la iluminación. Cuando empieza el rodaje y el tren sale de la estación, solo hay que mantener el rumbo. Si de repente descubres que quieres hacer grandes cambios en mitad del proceso, puedes disminuir el efecto deseado.

Lo positivo de que fuera un tren es que las vías están ya puestas. Hubo mucha confianza, pero el equipo supo cómo darle vida a la visión de los guionistas. Y contábamos con la ayuda de las imágenes generadas por ordenador si metíamos la pata, aunque a mí me gusta diseñar decorados que puedan verse físicamente. No me gusta depender de la postproducción. Para mí es el último recurso. Con esto no quiero decir que de vez en cuando no necesitáramos ayuda, porque la Regencia no existe en el siglo XXI, así que tuvieron que suavizar muchos planos. Clyvedon Village es un buen ejemplo de la limpieza que hubo que hacer para eliminar los elementos modernos, ¡pero no podíamos quitar la electricidad!

Anatomía de una escena
CLYVEDON VILLAGE

DIRECTORA: JULIE ANNE ROBINSON • EPISODIO: 106 «FRUFRÚ»

WILL HUGHES-JONES SOBRE DARLE VIDA A CLYVEDON VILLAGE:

Usamos Castle Howard como sustituto de Clyvedon, la propiedad del duque de Hastings. Y para darle vida a Clyvedon Village rodamos en el pueblo de Coneysthorpe, que está al lado de Castle Howard. Vamos, que la realidad se corresponde con la ficción. Todos los habitantes de Coneysthorpe tienen alguna relación con la propiedad de Castle Howard, de la misma manera que los habitantes de Clyvedon Village habrían estado relacionados con Clyvedon. Los terrenos forman parte de la propiedad y los habitantes son inquilinos. Ambas partes deben poner algo: los inquilinos, las rentas; los propietarios, el mantenimiento de la propiedad y el papel de anfitriones de la comunidad. Se supone que ejercían un rol paternalista. Si no era así, la gente protestaba. Es evidente que Simon está desatendiendo sus obligaciones como terrateniente en la serie. Se descubre que las cosas no son como deberían ser, y la primera vez que se encuentra con los habitantes en la feria, se masca la tensión.

Coneysthorpe sigue teniendo el aspecto que habría tenido, aunque es evidente que se ha modernizado con el paso de los años, así que debíamos hacer unos retoques para que retrocediera en el tiempo. Doce personas trabajaron durante cuatro días cambiando las ventanas para que tuvieran el color y la forma que vemos en la serie. Y esas mismas personas volvieron a pintarlas de negro cuando acabamos. Quitamos vallas blancas y levantamos un muro para impedir que se viera el tráfico al pie de la colina, y le construimos un nuevo tejado a la casa de Joanna, la aldeana que se hace amiga de Daphne, a fin de que fuera apropiado para la época. Quisimos mostrarnos respetuosos con el pueblo y con sus habitantes, así que usamos todos los materiales de la zona que pudimos conseguir, como piedra. Si era imposible, cubríamos las fachadas con papel de aluminio negro y lo pintábamos para que pareciera piedra. En ocasiones fue un trabajo a dúo con el equipo de postproducción, ya que borraron ciertos detalles, como las antenas de televisión, usando imágenes generadas por ordenador.

GINA CROMWELL SOBRE LA DECORACIÓN DE LA PLAZA DEL PUEBLO:

Había unas setenta personas en esa escena, además de carretas, carros, burros, caballos, vacas, ovejas, cabras y cerdos. Lo normal era que el equipo de decoración de escenarios planeara de antemano, para tener un boceto de lo que íbamos a necesitar y de dónde iba cada elemento. Después lo cargábamos todo en camiones y trasladábamos lo que se necesitara. Para la escena de la feria, ¡necesitábamos una carpa con cerveza, que para eso estábamos en Inglaterra! Y queríamos continuar con la temática de las flores porque la serie es colorida y alegre, así que añadimos carretas cargadas de flores secas, ya que Clyvedon Village es una escenario más rústico. En la época, los agricultores y ganaderos habrían ido a la feria y se habrían sentado en sus carretas. Las colocamos de forma estratégica y fue útil, porque añadió altura a la escena.

«Queríamos el punto de vista de los cerdos mirando a Daphne, suplicándole que les salvara la vida. Pero caímos en la cuenta de que no tienen músculos en el cuello, así que no podían levantar la cabeza por muchas chucherías apetecibles con los que los tentábamos para que miraran hacia la cámara». —Julie Anne Robinson

«Es infrecuente tener la oportunidad de rodar en un set de 360º. Adentrarse en el pueblo de Clyvedon fue como estar en 1813. Incluso contamos con algunos vecinos entre los extras. La señora que vende empanadas vive allí. ¡Las hizo ella misma!».”

—Julie Anne Robinson

«A Will Hughes-Jones y a mí nos encantaba Featherington House porque es un ejemplo clásico del estilo de la Regencia; al principio, la elegimos para los Bridgerton, pero cuando la pusimos en los tableros de inspiración, nos pareció demasiado fría para una familia tan cariñosa. En aquel entonces los Featherington iban a vivir en lo que después sería Bridgerton House, que es una casa mucho más acogedora. Betsy siempre decía que esa casa era como un gran abrazo».

—Julie Anne Robinson

WILL HUGHES-JONES SOBRE CREAR UN MUNDO PARA MUCHAS FAMILIAS:

El comienzo del proceso fue emocionante. ¡Estábamos creando este mundo desde cero! Queríamos crear distintos espacios para cada familia. Para mantener la idea de que los Featherington son ostentosos, usamos amarillos y verdes fuertes, tonos ácidos, mientras que la estética doméstica de los Bridgerton es más acogedora. Hay un ceramista llamado Josiah Wedgwood que utiliza preciosos tonos azules y beiges para sus creaciones. En el tocador de Daphne se ven. Creamos la paleta entera de la familia Bridgerton basándonos en esas piezas. Para los Featherington nos inspiramos en un diseñador de muebles e interiores de la época llamado Thomas Hope. Es posible que Versace también lo usara como inspiración. Sus muebles son negros y dorados, muy llamativos. Aunque si se mira bien, se descubre que algunas de las consolas de la casa de los Bridgerton son iguales que esas, solo que están pintadas con otros tonos. Necesitamos muchísimos muebles y tuvimos la suerte de encontrar a un fabricante que los entregaba sin tratar. Así que solo teníamos que pintarlos y adornarlos para los distintos decorados y escenas. ¡Nadie se dio cuenta de ese detalle y eso que el rodaje duró meses!

CHRIS VAN DUSEN SOBRE LA CASA REAL EN LA QUE SE INSPIRÓ:

Si entras en Althorp, una de las casas de la familia Spencer, con esa escalinata increíble repleta de retratos de familia, se percibe al instante que es una casa familiar. Es un sitio acogedor, opulento y elegante al mismo tiempo. Quería captar ese espíritu familiar. Para el episodio piloto, describí la escalinata de Bridgerton House con varios retratos de familia adornando las paredes, muy parecida a la de Althorp; esas palabras están literalmente en el guion.

GINA CROMWELL SOBRE EMPEZAR DE NUEVO Y DAR EN EL CLAVO:

Lo primero que hicimos fue visitar al equipo de vestuario para ver cómo habían interpretado el diseño. Teníamos que trabajar con la paleta de colores adecuada para que los decorados y los escenarios encajaran con su trabajo. Azules, beiges y violetas para los Bridgerton. Verdes ácidos, amarillos y naranjas cálidos para los Featherington. El equipo se vio muy influido por la gran exposición que se celebró en Londres sobre Christian Dior. Un detalle curioso, porque teníamos un libro titulado *Dior and His Decorators* que nos ofreció una perspectiva sobre la fusión de estilos que nos ayudó a representar la Regencia que queríamos.

Los Featherington fueron más complicados, y tardamos bastante en dar en el clavo con ellos. Decidimos basarnos en un estilo inspirado en un diseñador de la época que a su vez se inspiraba en Egipto, en Grecia y en Roma. Encontramos sillones con esfinges en los reposabrazos, y si se mira con atención, también se ven las panteras en las barras de las cortinas. En cuanto a las cortinas en sí, que fueron un desafío, nos concentramos en una colección de catálogos creada por Rudolph Ackermann.

GINA CROMWELL SOBRE LOS TABLEROS DE INSPIRACIÓN Y LAS VEGAS 1815:

Los tableros de inspiración son una parte clave del proceso, porque Will Hughes-Jones y yo podemos comunicarnos sin decir nada, pero teníamos que trasladar nuestra visión a los demás. Lo normal es empezar con referencias: cuadros de la época y otros elementos que sabemos que son correctos. Después, para añadir nuestro toque, recurríamos a revistas o a entornos más modernos para introducir esa esencia que buscábamos.

En la temporada 2 está el club que diseñamos. Chris le dijo a Will que quería que fuera como Las Vegas. Así que tuvimos que respirar hondo y pensar: «Muy bien, ¿cómo sería Las Vegas en 1815?». Will conocía un edificio en Londres llamado Spencer House donde hay palmeras de yeso. Miré la foto que me mandó como inspiración y pensé: «Bueno, pues nuestro Las Vegas va a tener palmeras, plantas y mucho colorido». Y la verdad es que inspiró la creación de ese club, ilustró la atmósfera que necesitábamos crear.

Es importante conocer bien el periodo histórico, porque así sabes hasta qué punto puedes retocarlo. Es liberador decidir que no todo va a ser correctísimo y no te vas a arrinconar. A veces hay que elegir algo que ofrezca la imagen que quieres crear sin que parezca demasiado fuera de lugar, aunque tal vez no pertenezca a esa época. Y nos dieron permiso para hacer eso en *Los Bridgerton*.

Anatomía de una escena
JARDINES DE VAUXHALL

DIRECTORA: JULIE ANNE ROBINSON • EPISODIO: 101 «UN DIAMANTE DE PRIMERA»

LOCALIZACIÓN: Templo de Venus, Stowe House, Buckinghamshire.

CANCIÓN: «We Could Form An Attachment», de Kris Bowers.

MEJOR FRASE: «Cogidos de la mano creerán que por fin he encontrado a mi duquesa. Todas las madres presuntuosas me dejarán en paz y todos los pretendientes pondrán sus ojos en usted. Los hombres se interesan por una mujer cuando creen que a otro, y más a un duque, también le interesa».
—EL DUQUE DE HASTINGS.

MOMENTAZO: Daphne y Simon acuerdan su estratagema. El puñetazo de Daphne a Nigel Berbrooke.

ELENCO: Actores principales, 170 extras que incluyen: 6 vendedores, 4 grupos de músicos itinerantes, 10 músicos de orquesta, 1 maestro de ceremonias.

EQUIPO: principal, más 16 caballos, 7 supervisores SFX, 2 directores asistentes, 5 encargados de personal, 2 coreógrafos, 5 operadores de cámara, 3 operadores de dron, 10 electricistas, 4 técnicos de cámara, 16 vigilantes, 54 costureras, 26 peluqueros y maquilladores, 2 ingenieros de sonido, 1 supervisor de efectos de sonido, 1 continuista, 2 médicos, 1 asesor de dicción, 1 asesor de etiqueta, 1 coordinador de intimidad.

HANNAH GREIG SOBRE LOS JARDINES DE VAUXHALL:
Nunca había participado en un rodaje de la envergadura de esa escena, pero fue increíble estar al aire libre una cálida noche de verano, viendo algo que reproducía con tanta fidelidad lo que debió de ser la Inglaterra de la Regencia. La iluminación, los fuegos artificiales, la música, la comida y el baile. Era una auténtica fiesta. Los jardines de Vauxhall eran una referencia cultural importante y, como historiadora, me pareció lo más cercano que podría estar de experimentar algo parecido.

Hay una bonita imagen de los jardines de Vauxhall de 1780, más o menos, que muestra a la alta sociedad londinense reunida en torno a la zona de la orquesta, y en ella se ven muchos famosos de la época. A su alrededor están las clases altas y después los demás. Y detrás de un par de árboles, los redactores de los periódicos, espiándolos para las columnas del día siguiente. ¡Igual que en la serie!

WILL HUGHES-JONES:
En aquel entonces, los árboles se iluminaban con lámparas llenas de aceite de ballena, que olía fatal, así que los jardines de Vauxhall debían de apestar. Investigando, dedujimos que seguramente fueran globos de cristal pulido para reflejar la luz, así que instalamos dos kilómetros y medio de guirnaldas, y enterramos todos los cables debajo de césped artificial. (La Navidad se adelantó para un fabricante de bombillas en concreto, porque compramos dos mil quinientas para todos los edificios). Construimos un quiosco para la orquesta, y la comida se sirvió en él. E instalamos trescientas torres con llamas flanqueando el camino.

«Los jardines de Vauxhall eran públicos: si pagabas un penique, podías entrar, lo que significaba un público y un ambiente muy diferentes. Lo vemos en el primer episodio, en contraste con el baile de lady Danbury. Eso lo hace muy emocionante. Imagínate lo novedoso que sería en aquella época y la curiosidad que suscitaría. Una experiencia que todos queremos vivir a esa edad».

—Jack Murphy

Quizá quienes más disfrutaron fueron los miembros del equipo de pirotecnia. Construimos unos soportes enormes y se conectó todo de manera que pudieran controlarlo de forma remota. La escena de los fuegos artificiales iluminando la noche mientras Daphne y Simon bailan por primera vez tal vez sea una de las más memorables de la temporada. Todos esos fuegos artificiales, salvo seis que llegaron a lo más alto y que son imágenes creadas por ordenador, eran reales.

Desde luego la serie nos quedó preciosa, aunque creo que nos acercamos bastante a como debió de ser en la época. Claro que no pretendíamos ser rigurosos. Siempre y cuando no distraiga, para nosotros es un triunfo.

LIZZY TALBOT, COORDINADORA DE INTIMIDAD:

En la época, la mayoría de los tocamientos estaban prohibidos, al menos para las mujeres. Aunque es un mundo que se rige por la moderación, también hay momentos en los que nos despegamos un poco con detalles modernos: sonrisillas y miradas, gestos con la cabeza y miradas cómplices. Los miembros de la alta sociedad eran expertos en el contacto visual.

Los bailes fueron fundamentales, ya que eran una de las ocasiones en las que todos se reunían en un mismo espacio y trataban de averiguar con quién se casarían; hay mucho en juego. Es como Tinder o las citas rápidas, pero yendo al altar sin haber estado antes a solas.

Claro que podían bailar (con suerte más de una vez). Cuando lo hacían, se abrazaban por primera vez y sentían un poco el cuerpo del otro. Sus manos (no desnudas) se tocaban. Era la oportunidad de evaluar la química, de mantener una conversación mientras trataban de tomar la mayor decisión de sus vidas. Eso hacía que esos momentos estuvieran cargados de insinuaciones, y nos esforzamos por transmitirlo: la avidez, la sensualidad, el deseo encubierto.

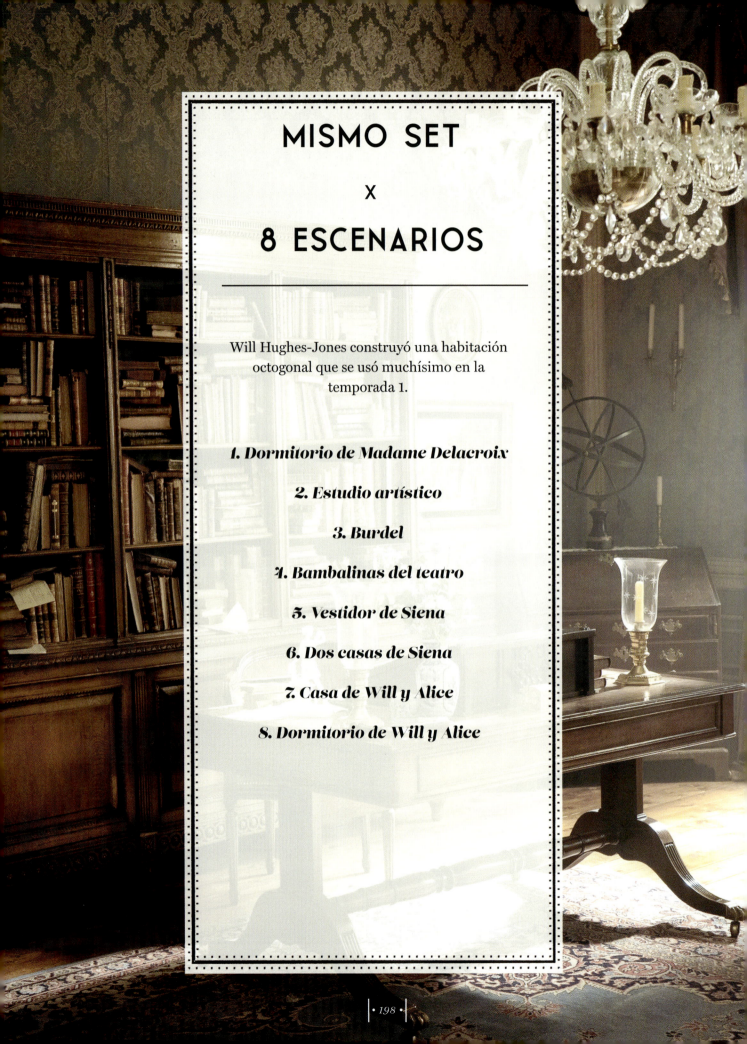

MISMO SET
x
8 ESCENARIOS

Will Hughes-Jones construyó una habitación octogonal que se usó muchísimo en la temporada 1.

1. Dormitorio de Madame Delacroix

2. Estudio artístico

3. Burdel

4. Bambalinas del teatro

5. Vestidor de Siena

6. Dos casas de Siena

7. Casa de Will y Alice

8. Dormitorio de Will y Alice

GINA SOBRE SUS ESTANCIAS PREFERIDAS:

Me encanta diseñar cocinas, sobre todo la de Bridgerton House. Me encantó esa escena en la que Anthony y Daphne bajan para calentar leche y se quedan mirando porque no saben cómo encender los fogones. Chris nos dijo que quería una cocina complicada con muchos botones y palanquitas. Así que pensé: «¿Qué botones y palanquitas? ¡Si no tenían!». A ver, que se limitaban a encender el fuego y a colgar los recipientes de una cadena. Así que intentamos averiguar de qué manera podíamos complicar el asunto añadiendo varios ganchos y cadenas.

También nos encantó el estudio artístico que, por desgracia, no llegamos a ver tanto como nos habría gustado en la temporada 1. Por suerte, los guionistas lo rescataron a lo grande en la temporada 2.

En la temporada 1 tuvimos una tarde muy especial como equipo en el estudio, antes de rodar la escena con Benedict. Pudimos dibujar a los modelos, que posaron para nosotros. Todos tenemos formación artística, pero hacía siglos que no dibujábamos de esa manera. Así que nos sentamos tranquilamente, dejamos de correr de un lado para otro, y nos limitamos a dibujar en silencio. Fue precioso, un remanso de paz en medio del caos.

WILL HUGHES-JONES SOBRE LAS DECISIONES CRÍTICAS DEL EPISODIO PILOTO:

Grosvenor Square existe. Es un lugar real donde se emplaza la embajada de Estados Unidos, así que teníamos claro que no podríamos usarlo para rodar. Viajamos por todo el país buscando plazas georgianas o de la época de Regencia (Londres, Bristol, Bath...), pero fuimos incapaces de dar con el lugar perfecto. Porque había algo clave que estaba en el guion: las casas de los Featherington y de los Bridgerton debían quedar en lugares opuestos para poder verse.

La realidad es que hoy en día esas plazas tienen árboles en el centro, así que no se puede ver nada de un extremo al otro. Al final, el exterior de Featherington House lo rodamos en Bath y el de Bridgerton House, en South London, así que están a más de trescientos kilómetros. ¡Como para verse! Tuvimos que usar imágenes generadas por ordenador para crear la plaza. Y esa decisión nos limitó mucho a la hora de grabar escenas de un lado de la plaza al otro, porque costaba un pastizal y había que cuidar mucho los detalles, como que la luz del día fuera la misma en los dos sitios.

En retrospectiva, habría merecido la pena construir decorados o hacerlo en una localización real. Lo mejor es no pedirles a los guionistas que se modifique el guion, pero ese fue uno de los problemas más difíciles (¡y caros!) que solventar. Y es algo que arrastraremos durante toda la serie.

ESCENOGRAFÍA:

No podíamos usar imágenes del exterior en las ventanas de los decorados, porque es una serie de época. Habríamos visto el mundo moderno al otro lado del salón de los Bridgerton. Además, necesitábamos hacer lo mismo que con las fachadas de ambas casas, recreando distintos exteriores por ordenador. Así que contratamos a un par de artistas que pintaron un mural de dos mil metros cuadrados (veinte metros de alto por cien metros de largo) que nos sirvió para crear el mundo que se ve por las ventanas del dormitorio de Penelope o al otro lado de la puerta de Will y Alice. Tardaron unas cinco semanas, algo increíble. Se ponían los cascos y empezaban a pintar.

SETS Y LOCALIZACIONES

Exterior de Bridgerton House:
Ranger's House, Greenwich

Vestíbulo de Bridgerton House:
RAF Halton, Buckinghamshire

Interiores de Bridgerton House:
Decorados construidos

Exterior de Featherington House:
Royal Crescent, Bath

Interiores de Featherington House:
Decorados construidos

Exterior de la casa de lady Danbury:
Museo Holburne, Bath

Interiores de la casa de lady Danbury:
Decorados construidos

WILL SOBRE RECREAR EL VERANO EN DICIEMBRE:

La fiesta de la reina en la temporada 1 tiene lugar en verano, pero grabamos la escena en diciembre, con una helada tremenda y un frío espantoso. Tuvimos que usar sopletes para derretir el hielo del suelo. Los actores llevaban zapatos de seda, y el equipo de vestuario nos pidió que protegiéramos el calzado de alguna manera, así que colocamos césped artificial. También tuvimos que levantar setos para ocultar el paisaje, porque las hayas no tenían hojas. Y luego colocamos flores de plástico en los árboles. El sendero por el que Daphne pasea y habla con su madre tenía un muro cubierto de hiedra muerta, así que usamos la misma glicinia de la fachada de su casa para resucitar esa pared.

Fue un desafío enorme para nosotros y para todos los demás. Jeff Jur tuvo que iluminarlo para que pareciera un precioso día estival y evitar que las cámaras superaran los setos para que no se vieran los robles. El equipo de vestuario tuvo que mantener abrigado al elenco, porque la temperatura rondaba los cero grados e iban vestidos con telas vaporosas. También llovió y se levantó mucho viento, de manera que el equipo de maquillaje y peluquería no dio abasto para mantenerlos a todos guapos. Creo que fue el momento más impresionante en cuanto a trabajo de equipo de toda la serie para conseguir que todo saliera bien.

Anatomía de una escena
EL BAILE DE LADY TROWBRIDGE

DIRECTORA: SHEREE FOLKSON • EPISODIO: 104 «UN ASUNTO DE HONOR»

HANNAH GREIG SOBRE EL RIGOR HISTÓRICO DEL BAILE DE LADY TROWBRIDGE:

El baile se rodó en Hatfield House, en Hertfordshire, una mansión que construyó en 1611 Robert Cecil, el primer conde de Salisbury y primer ministro del rey Jacobo I (en la actualidad es la residencia del séptimo marqués). Es una mansión solariega increíble, con impresionantes estancias públicas y jardines, el escenario perfecto para la opulencia de esa escena en concreto. Creo que todos esperaban que me indignara y empezase a agitar el dedo mientras gritaba que aquello no estaba bien desde el punto de vista histórico. Pero sí lo está. La aristocracia sabía organizar fiestas y se ideaban distintos diseños y decorados para los eventos sociales; contrataban bailarines, acróbatas o actores. Este baile recrea a la perfección el exceso de la época, la pasión por la extravagancia, el afán de presumir de riqueza y el deseo de divertirse. No iban a verme sofocada por la falta de rigor histórico. Ni siquiera por los travestidos. Era habitual en el *beau monde* que la gente jugara con las identidades. Los hombres se vestían de mujeres y las mujeres se vestían de hombres. Formaba parte de la vida social.

JACK MURPHY SOBRE LA FALTA DE RIGOR HISTÓRICO:

Cuando coreografiaba, primero lo hacía con música de la época y después con música moderna. Y al final lo pasaban a la partitura. Para el baile de lady Trowbridge, usé la canción «Blurred Lines», sin letra para no ofender a nadie, porque quería algo con alma y energía que me permitiera recrear el mundo de la época al mismo tiempo que llevaba a cabo una fantasía. En ese baile hay un chachachá y también hay samba, pero el ritmo es contenido y la música funciona, así que apenas se nota. ¡Salvo para los espectadores brasileños, claro!

WILL HUGHES-JONES SOBRE EL ESTILISMO GASTRONÓMICO:

Mi equipo acabó tomándose los bailes y las fiestas como retos arquitectónicos: «¿Qué altura podemos darle a una torre de *macaroons*?», por ejemplo. Necesitábamos elementos que dieran altura y color para poder introducir textura y vivacidad en las escenas. A veces era una torre de fresas, o de copas de champán, o tartas. Uno de nuestros estilistas creó un centro espectacular alrededor de un cisne con empanadas, cientos de piezas de fruta y grosellas.

No esperaba tener que hacer tanta comida, así que se convirtió en una broma porque cada vez que le preguntaba a Chris por la decoración de los bailes, siempre decía: «¡Comida! Comida y cientos de flores».

Usando la verdadera Inglaterra de la Regencia

BADMINTON HOUSE
UBICACIÓN: Gloucestershire
USADO PARA: Guarida de inmoralidad

WILTON HOUSE
UBICACIÓN: Salisbury
USADO PARA: Muchas escenas de la reina, entre ellas la de la presentación

CASTLE HOWARD
UBICACIÓN: Yorkshire
USADO PARA: Clyvedon Castle

LANCASTER HOUSE
UBICACIÓN: Londres
USADO PARA: Té de Violet con la reina

BERKSHIRE POLO CLUB
UBICACIÓN: Cranbourne
USADO PARA: Las carreras.

SYON HOUSE
UBICACIÓN: Brentford
USADO PARA: El baile del invernadero.

WROTHAM PARK
UBICACIÓN: Hertfordshire
USADO PARA: Aubrey Hall, la propiedad de los Bridgerton

HAMPTON COURT
UBICACIÓN: Molesley
USADO PARA: Buckingham House, la residencia de la reina, donde se supone que deben casarse Anthony y Edwina.

WILTON HOUSE
UBICACIÓN: Salisbury
USADO PARA: La presentación ante la reina y para el té de lady Danbury con la reina.

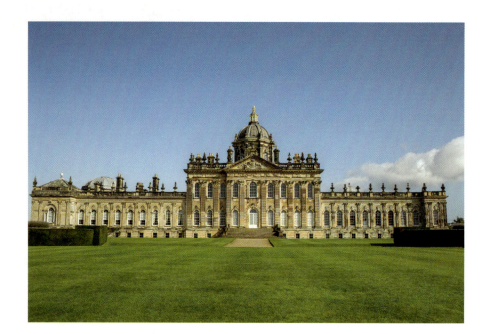

SARA FISCHER SOBRE LAS MARAVILLOSAS LOCALIZACIONES QUE DAN VIDA A *LOS BRIDGERTON*:
Cada lugar era más asombroso que el anterior. Llegabas a una «casa» que podía tener 40 km cuadrados y 97 estancias. Y luego veías la siguiente, y podía ser el triple de grande. Es un mundo descomunal y grandioso. Pero aunque vimos algunas propiedades increíbles, sigo creyendo que los decorados que creó Will Hughes-Jones son mucho más impactantes.

WILL HUGHES-JONES, DISEÑADOR DE PRODUCCIÓN, SOBRE LA PESADILLA DE LA LOGÍSTICA:
Construir decorados es un reto, pero rodar en una localización es mucho peor. No solo tienes que crear un mundo, sino que después hay que empaquetarlo todo y dejarlo tal como te lo encontraste. Teníamos equipos en todas las localizaciones encargados de ese trabajo días antes y días después de los rodajes.

Un día estuvimos en siete localizaciones distintas. Fue horrible. Pero lo habitual era que los camiones se desplazaran de una punta a otra del país, y que lleváramos los coches cargados con las telas y las flores artificiales hasta las localizaciones.

Noel Cowell, encargado del atrezo, y su equipo tuvieron a su cargo la mayor parte del transporte, y tenían que asegurarse de que todo estuviera donde debía estar en el momento adecuado.

Ya te imaginas la cantidad de notas adhesivas que poníamos en el calendario. Todos los días lo movíamos todo.

GINA CROMWELL, DECORADORA DE ESCENARIOS, SOBRE LA TRANSFORMACIONES MÁS DIFÍCILES:

La carrera de caballos de la temporada 2 fue de los trabajos más complicados, sobre todo cuando Will me pidió que cubriera un edificio entero con tela. Debíamos convertir un pabellón bastante moderno en una tienda de la época para la reina. ¡Menos mal que no hacía viento!

Me encantó crear el teatro. Es emocionante llegar a una localización que no es correcta desde el punto de vista histórico y tener que solucionarlo. En ese caso, el trabajo fue increíble y tuvimos que buscar un pintor capaz de crear un telón de fondo y lateral adecuado en tiempo récord. Todo debía medirse para que encajara a la perfección. Colocaba las lonas en el suelo para pintar. Will y yo estábamos en otra localización cuando nos enviaron fotos de cómo había quedado ya instalado. Nos echamos a llorar al ver que era perfecto.

Anatomía de una escena
EL BAILE DE LOS HASTINGS

DIRECTOR: ALRICK RILEY • EPISODIO: 108 «DESPUÉS DE LA TORMENTA»

LOCALIZACIÓN: decorado construido.

CANCIÓN: «Las cuatro estaciones», de Antonio Vivaldi, reinterpretada por Max Richter

MEJOR FRASE: «Solo porque algo no sea perfecto no significa que sea menos digno de amar. Tu padre te hizo creer lo contrario. Él te hizo creer que no podías tener ningún defecto para ser amado. Pero se equivocaba. Si necesitas una prueba de eso, entonces, mira aquí mismo».
—DAPHNE BRIDGERTON

MOMENTAZO: El monólogo de Daphne sobre la perfección bajo la lluvia.

WILL HUGHES-JONES SOBRE LA CREACIÓN DE UN SALÓN DE BAILE DESDE CERO:

Rodamos ese baile en febrero, así que fuera no hacía mucho calor que digamos. Daphne llevaba un vestido ligerísimo y sabíamos que iba a llover. No queríamos que muriera de frío o que se desmayara, ni ver los alientos condensados. Así que decidimos hacerlo en el interior y construir un plató de más de veinticinco metros de altura. Por si a alguien se le ha olvidado, ¡al final del baile empieza a llover! Así que instalamos un equipo de lluvia sobre la parte superior del decorado. Prácticamente todo estaba dentro de un tanque para recoger el agua. Además, la calentamos a 34 grados para que no pasaran frío.

Trajimos toda la vegetación y las flores, y las dejamos en manos de una floristería. Pero resulta que eligieron flores blancas, que no era el color adecuado. ¡Horror! Hablé en privado con el encargado y le pregunté si había alguna manera de cambiarlas para que encajaran con el vestuario. Tiñó las flores de un precioso azul. Fue una tarea inmensa, pero cambió por completo el espacio. Es mi baile preferido.

«El baile que mejor recuerdo es el último de todos, cuando Colin se acerca a Penelope. La canción que sonaba era "Crown", de Stormzy. Fue un momento tan intenso para ella que nunca más la oiré sin que me lo recuerde».

—Nicola Coughlan

JACK MURPHY:

Stormzy es un artista de rap británico, y bailamos al ritmo de su canción «Crown» en el baile de los Hastings, que fue la última escena que rodamos. Teníamos veinticuatro bailarines que podrían haberse puesto a dar botes con la canción en cualquier momento, pero que se contuvieron como los grandes profesionales que son, aunque la energía que los animaba es evidente.

Debo admitir que, durante ese baile final entre Simon y Daphne, me eché a llorar. Bailaron divinamente, y después empezó a llover. Algo que ya sabía, claro, para algo está en el guion. Y sabía que la música final sería la de Max Richter, que tiene un ritmazo. Quería que fueran como gotas de lluvia mientras se movían en círculos. Y así fue como los llevé hasta la emotiva escena final del baile.

GOLDA SOBRE LA INTERPRETACIÓN DE PHOEBE:

En el baile de los Hastings, cuando empieza a llover a cántaros, nos congregamos alrededor del monitor para ver cómo Phoebe interpreta su monólogo de forma maravillosa y emotiva. Nos emocionó muchísimo. Estuvo increíble. Fue uno de los últimos días de rodaje, y ver a esa actriz interpretar así, después de siete meses metida en el papel del personaje, fue el final más bonito que podíamos experimentar.

Es una actriz extraordinaria. Y para mí ese momento fue increíble. Un momento de júbilo. Me sentí muy orgullosa.

Peluquería y maquillaje

BETSY BEERS SOBRE EL CAMBIO DEL PELO:

El tema de producción de *Los Bridgerton* consiste en aunar el respeto por la tradición de la Regencia y un subtexto, un guiño pícaro y sutil de modernidad. El maravilloso Marc Pilcher, ya fallecido, marcó las pautas de la serie. Respetaba mucho la imagen y el estilo de la época, e hizo un gran trabajo al incorporar esa picardía en la temporada 1, que siguió desarrollando en la 2 Erika Ökvist.

Antes de empezar a rodar, hablamos muchísimo de pelucas: casi todos, por diversas razones, llevan peluca. No solo porque necesitábamos conseguir un efecto de realce, sino también porque es mucho más fácil colocar una peluca que tener que peinar a alguien constantemente. El carácter de las pelucas se convirtió en una parte importantísima de la serie, y así fuimos conscientes de cómo evolucionaba el pelo de cada uno.

El de Daphne, por ejemplo, hace el mismo camino que ella. Al principio es la chica buena que hace lo que dicta el deber (ya sabes, el diamante de la temporada), y lleva un recogido tirante, recatado y listo para la guerra. Es su armadura. Pero si te fijas bien, ves que su peinado progresa a medida que se encuentra con Simon y el mundo del placer personal: se vuelve más relajado y suave, y la ves con el pelo suelto. Y en la temporada 2, es esposa y madre, ya no es una debutante. Su peinado es adulto y elegante.

Puede que lo que más me obsesionase fueran los tocados de Cressida Cowper, casi tan increíbles como los de la reina Carlota. Es una mujer un tanto despreciable. Su pelo siempre lo refleja. Es muy Medusa. Me encanta cómo logró Marc que esa sensación fuera literal. También me pareció una genialidad que, cuando intenta conquistar al príncipe Friedrich, lleve las trenzas como si fuesen una corona, ya sea para engañarle y que la perciba como la princesa perfecta o

como si creyera que ya tiene el puesto. Y me encanta que evolucione en la temporada 2 y se suavice un pelín. Como ella, su pelo se ha rebajado un poco.

A las Featherington y su color de pelo les dedicamos mucho tiempo. Queríamos que fueran un poco vulgares sin caricaturizarlas, algo que habría sido un desafío en otras manos con menos talento. No queríamos ir tan lejos que la gente no pudiera identificarse con los personajes: Marc y su equipo siempre encontraban el equilibrio entre la diversión y que todas estuvieran espectaculares.

Otro ejemplo de evolución a través del pelo es Anthony: en la temporada 2, esas maravillosas patillas desaparecen porque ya no es un libertino. Ha dejado atrás sus correrías y asume el papel de buen hijo.

Nos encantaba el peinado de Eloise en la temporada 1, y Erika Ökvist lo hizo evolucionar (aunque nos pareció radical al verlo) al añadirle flequillo. A ver, el flequillo existía en la época, aunque lo habrían peinado de forma distinta; pero Erika añadió ese gran toque de modernidad que nos hizo identificarnos de inmediato con Eloise y con su lucha al entrar en el mercado matrimonial. Marcamos la transición con su pelo al tiempo que la manteníamos fiel a sí misma.

El pelo de Penelope también es un poco distinto en la temporada 2. No se oculta tanto detrás del pelo y es un poco menos tirante porque conocemos su secreto. Al final, a medida que los personajes maduran y cambian, su pelo cambia con ellos.

Las pelucas de la reina Carlota como personajes

TOM VERICA SOBRE LAS PELUCAS DE GOLDA— Y LOS ARTEFACTOS QUE LE SALVARON LA ESPALDA:

Había días que Golda tenía que rodar continuamente con sus pesadísimas pelucas. Ensayaba sin ellas porque pesaban mucho. En cuanto empezábamos a grabar y se la ponía, no podía quitársela. Así que hablé con el equipo de soportes por si podían inventarse algo donde pudiera estar sentada y así aliviar el peso de la espalda. Le construyeron un soporte alucinante. Entre tomas o escenas, se puede sentar en una plataforma que le quita todo el peso de la columna. Es un artefacto milagroso. ¡Siento que no se nos ocurriera antes!

ERIKA ÖKVIST, DIRECTORA DE PELUQUERÍA Y MAQUILLAJE DE LA TEMPORADA 2 SOBRE LAS PELUCAS DE LA REINA CARLOTA:

Usamos las técnicas de retorcer y atusar que se utilizan con el pelo afro, y después construimos a partir de ahí para reflejar los peinados georgianos de la época. Lo habitual era seguir un patrón en espiral o con trenzas africanas que iban desde delante hacia atrás, cuya forma dependía de dónde se aseguraba la peluca para que no se moviera, estuviera equilibrada y fuera cómoda.

Y siempre considerando la distribución del peso, porque puede hacer que la estructura se venga abajo. Así que debíamos pensar en ellas como si se tratase de arquitectura. Si queríamos que una peluca se elevara en vertical teníamos que cruzar las trenzas para acomodar el peso, de modo que no se cayera. Es como construir un puente con piedras.

HARRIET CAINS SOBRE EL PELO DE PHILIPPA:

Como tengo el nacimiento del pelo tan bajo, tuve que teñirme la mitad inferior, y la parte de la nuca, para que encajara con las pelucas. Así que durante la pandemia, llevaba el pelo con un montón de colores distintos, incluido el naranja. Durante la temporada 1 también llevaba un pequeño flequillo que me pegaron a la cabeza. ¡Vaya pintas tenía cuando me quitaba la peluca!

Mark Pilcher se encargaba de mi pelo. Hacía magia con las manos. Me ponía la peluca y todo parecía perfecto. A veces me echaba a llorar con solo mirar su increíble trabajo.

JESSICA MADSEN SOBRE EL PELO DE CRESSIDA COWPER:

Cuando conseguí el papel, me lo imaginé como una producción normal de la Regencia, como *Orgullo y prejuicio*. Y luego me probé los trajes y me peinaron, y fue como: «¡Uf, qué fuerte!». Mark Pilcher llegó con una peluca con lazos y cintas rosas exageradísima, me encantó. Me dijo: «Tiene que ser potente. Quiero que sea serpentina. Quiero que sea sólida, como un escudo». Durante la temporada 1, Cressida es muy visible. Su pelo es enorme, casi amenazante. En la temporada 2, se ha suavizado y ha bajado un poquito de su pedestal. Sigue siendo grande, pero hay más flores. Y aunque lleva un moño tirante, no es tan severo.

ERIKA ÖKVIST, DIRECTORA DE PELUQUERÍA Y MAQUILLAJE DE LA TEMPORADA 2 SOBRE KATE SHARMA:
Kate es de esas mujeres que está impresionante sin maquillaje. Pudimos llevar un aspecto natural lo más lejos posible. Además, es un personaje directo que no cree necesitar un nuevo peinado para cada vestido nuevo. Basamos su estilismo en la trenza, la llevara recogida o suelta. También queríamos conectar con su herencia india. Al pensar en la escena de la carrera, imaginamos que no querría esperar a que su doncella se despertara para peinarla, como harían otras damas, así que... ¿se lo trenzó ella sin más?

«Hubo mucho trabajo previo, entre enseñar a los actores a moverse, a batirse en duelo, a boxear y a cantar ópera. Y luego, claro, estaba la dicción y conseguir que todos estuvieran en el mismo mundo. También tuvimos que trabajar el acento francés de Kathryn, y Sabrina tenía que cantar en varios idiomas. Los puse a todos a hacer ejercicio para que estuvieran en buena forma... y al final se lo prohibí a Regé porque se estaba poniendo cachas. Los reuní a todos para participar en sesiones de baile improvisadas con el director de coreografía, Jack Murphy. Polly Walker creía que estaba loca, pero me devolvió a mis primeros tiempos en el teatro. Fue divertidísimo».

—Sarada McDermott

5

MÁS ALLÁ DE LA PÁGINA

BETSY BEERS SOBRE LA PREPARACIÓN DE LOS ACTORES

Otro motivo por el que queríamos que Julie Anne Robinson dirigiera el piloto y el episodio 6 de la temporada 1 es por su meticulosa preparación. Trabaja con muchos guiones gráficos, ensayos y demás, y sabe lo que va a hacer antes de entrar en el set de grabación. Lizzy Jackson, nuestra coordinadora de intimidad, Jack Murphy, el director de coreografía, y ella trabajaron mano a mano antes de que hubiera nada que rodar.

Y se esforzaron al máximo para mostrarnos algo que no suele verse: sexo y bailes con un toque moderno en una serie de época. Jack y yo hablamos largo y tendido sobre hasta qué punto podíamos hacerlo contemporáneo. Por supuesto, estuvo encantado, porque había hecho muchas series regidas por el rigor histórico. Nunca he visto a nadie sonreír tanto. Pero teníamos claro que no queríamos una parodia, sino insuflarle el espíritu del baile moderno al estilo de la Regencia.

En los ensayos lo animé: «Más escandaloso, más escandaloso. Por ahí vas bien...», hasta que llegamos a un punto tal que: «A ver, eso ya es demasiado *Dirty Dancing*». Creo que es increíble que fuera capaz de crear un estilo nuevo, que culmina en el primer episodio de la temporada 1, en esa increíble secuencia delante de los farolillos y los fuegos artificiales. Es una escena increíble. Y lo repitió en la temporada 2 con Anthony y Kate: su baile fue electrizante.

JACK MURPHY: Hay dos motivos para bailar: para recibir placer o para darlo. Hay baile de competición y baile social. El baile social es lo que vemos en *Los Bridgerton*, de modo que debía tener presente que los bailarines que les presentaba a Julie Anne y a Chris para la selección debían ser capaces de recrear el mundo de la alta sociedad. Queríamos que todos estuvieran entre los 18 y los 35 años para reflejar la historia de Daphne como debutante. Cuando ella bailaba, queríamos que estuviera entre gente de su edad. Era fundamental que los bailarines tuvieran claro que debían actuar en una serie, no bailar en un espectáculo. Por tanto, la actuación durante el baile es esencial... De hecho, ¡los pasos son lo último!

Buscábamos o actores que pudieran bailar muy bien, o bailarines que pudieran actuar bien. Dado que era Shondaland, Netflix y Julia Quinn, todos querían hacer el casting. Mi idea era un grupo principal de 24, y empecé con unos 200 antes de reducirlo.

Además, Chris, Sarada y yo hicimos muchos talleres con los actores secundarios. Por ejemplo, impartimos uno de protocolo. Enseñé a hacer reverencias, a sentarse y a caminar. La intención era que todos fueran conscientes de la forma adecuada de moverse.

JACK MURPHY SOBRE LA IDEA DEL MOVIMIENTO COMO ACTUACIÓN:

La forma del cuerpo y la postura que adoptamos cuando estamos de pie, nos sentamos y andamos reflejan la personalidad. Los movimientos y su motivación brotan de lo físico, lo emocional y lo mental. La experiencia física forma la mente y los sentimientos. Los pensamientos provocan emociones y acciones. Percibimos el cuerpo y somos conscientes de su energía. El contorno del cuerpo es la silueta de su contenido. El movimiento empieza con un impulso, y también es emanación del pensamiento. Animo a los actores a conectar con la fisicidad del pensamiento para obtener una presencia corpórea. Los bailes son actuación, como los diálogos.

JACK MURPHY SOBRE LOS ENSAYOS:

Introduzco a los bailarines en el episodio explicándoles qué pasa en la escena, después les enseño los pasos. Su capacidad para aprender, procesar, retener y ejecutar hasta 6 bailes distintos me parecía milagrosa y aleccionadora. ¡Estaban siempre en su sitio!

Los animo a usar colores neutros. A ellas las invito a llevar faldas y a no usar maquillaje, y a ellos que no usen deportivas. Es mejor que ensayen con algo parecido a lo que llevará su personaje para asimilar que va más allá de sí mismos.

Los bailarines no tenían que ensayar con corsés porque están habituados, pero los actores claro que sí. Ruth Gemmel tenía que bailar una giga en la temporada 2, y tuvo la previsión de ensayar con corsé porque no se ponía uno desde la escuela de interpretación. Quería recordar la sensación, porque limita mucho. ¡Nadie quiere que lo sorprendan el día de rodaje!

SIMONE ASHLEY SOBRE EL BAILE:

Estudié un poco de teatro musical a los dieciocho e hice mucho ballet de pequeña. No puedo decir que sea bailarina, pero sé moverme y mantener la postura, y soy muy atlética. Pero nunca había hecho nada de época, y fue increíble trabajar con Jack Murphy. Nos dio mucha confianza. El baile con Anthony es uno de mis momentos preferidos de la temporada. Puse toda el alma.

JACK MURPHY SOBRE EL BAILE DE ANTHONY:

En la temporada 2, por fin vemos a Anthony bailar, y claro, Jonny Bailey es extraordinario. Es un artista, y también un gran atleta, así que ¿cómo bailaba? De maravilla. También se había documentado y sabía que un hombre de su estatus habría recibido lecciones de baile desde muy pequeño.

«La química entre Jonny y Simone es electrizante. Me destrozaron con uno de sus bailes porque estaban bailando mi coreografía, y la había preparado a partir de mis experiencias. Verlos representar mi trabajo fue una experiencia increíble. No sabía que había visitado un lugar tan oscuro de mi interior para crearlo».
—Jack Murphy

«Ese baile final es una tortura para él porque todos sabemos, como humanos, que después de descubrir que estás enamorado todavía tienes que averiguar cómo decirlo. Creo que en esa escena del baile final queda latente la posibilidad de que alguno de los dos dijera algo inoportuno en el momento equivocado, y Kate se hubiera ido».
—Jonathan Bailey

Anatomía de una escena
3 BAILES – UNA LOCALIZACIÓN

«Por el calendario tan ajustado, usamos un edificio municipal en Bristol para rodar 3 bailes consecutivos: el baile de los pájaros, el baile de los espejos y el baile de la ingenua; no es un palacio, sino un edificio de oficinas. En una escena en la que Simon acompaña a lady Danbury por un pasillo, construimos un túnel con tela y cuerdas en la sala naranja, que habíamos usado para el baile el día anterior. Fue complicado, pero un triunfo del equipo de localización. Nadie diría que esos bailes no se celebraron en una gran mansión».

—Will Hughes-Jones

BAILE DE LOS ESPEJOS

DIRECTOR:
Tom Verica

LOCALIZACIÓN:
Tapestry Room, Leigh Court, Bristol

CANCIÓN:
«Simon y lady Danbury», de Kris Bowers

MEJOR FRASE:
«Y debe parecer que nos divertimos, por muy difícil que le resulte…». —DAPHNE BRIDGERTON

MOMENTAZO: Daphne y Simon se desatan en la pista de baile con evidente alegría.

ELENCO: Principales, más 71 secundarios, incluyendo: 12 bailarines, 4 músicos y 8 criados.

EQUIPO: Principales, más 2 directores de arte, 2 estilistas gastronómicos, 12 utileros, 2 3er AD, 5 encargados de personal, 2 coreógrafos, 7 operadores de cámara, 3 técnicos de grúa, 14 electricistas, 1 aparejador, 20 costureros, 25 peluqueros y maquilladores, 6 técnicos de sonido, 2 continuistas, 3 médicos.

«Creo que Tom Verica debería estar en los récords Guinness: hicimos cuatro bailes, tres en un edificio y un cuarto en otro, en cuatro días con un solo día de descanso. Creo que no hay precedentes. También debo reconocerle el mérito al genial Thomas Bassett, el primer asistente del director, porque vaya si sabe dirigir». —Jack Murphy

TOM VERICA SOBRE PLANEAR EL BAILE:

Como tenía a 17 personajes en escena y una conversación tenía que fundirse sin cortes con la siguiente, tuve que marcar exactamente dónde iba a estar cada actor y cómo nos íbamos a mover. Podríamos seguir a un criado con una bandeja de bebidas o que un personaje se desplazara. Es muy complicado.

TOM SOBRE EL BAILE:

No sabíamos qué música ni qué banda sonora íbamos a usar para el baile, pero seguramente sea el baile en el que Simon y Daphne se lo pasan en grande. Simon hace un giro, que no estaba ensayado, pero era un momento en el que, como parte del cortejo, se estaban enamorando.

Tenía una biblioteca llena de canciones para elegir, así que me decanté por una de Plan B. Con muchísimo ritmo. Todo el mundo se lo estaba pasando genial. Hasta se ve a Adjoa dando saltitos a un lado; tal vez no se ajuste a la época, pero queríamos que la escena tuviera un toque cercano y moderno, como si todos se dejaran llevar por la emoción.

Empezaron a moverse al oír la canción…, y en postproducción incluimos una pieza clásica alegre que parecía un poco más cañera de lo que se habría oído en la Regencia, pero que pertenecía a ese mundo. Me gusta creer que estaban oyendo el equivalente a una canción pop, algo con lo que pudieran dejarse llevar un poquito.

BAILE DE LOS PÁJAROS

DIRECTOR:
Tom Verica

LOCALIZACIÓN:
Morning Room, Leigh Court, Bristol

CANCIÓN:
«Bad Guy», de Vitamin String Quartet

MEJOR FRASE:
«¿Está mi general listo para la batalla?».
—DAPHNE BRIDGERTON

MOMENTAZO:
Daphne soporta unos bailes aburridos y luego le enseña a Simon el lenguaje del abanico.

ELENCO: Principales, más 113 secundarios, incluyendo: 8 criados del príncipe, 6 músicos, 12 bailarines, 4 damas de compañía de la reina.

GUACAMAYOS: 8

EQUIPO: Principales, 1 estilista gastronómico, 5 utileros, 1 asistente escenografía, 1 3er AD, 3 encargados de personal, 1 coreógrafo, 5 operadores de cámara, 4 electricistas, 2 técnicos de grúa, 2 aparejadores, 26 costureros, 33 peluqueros y maquilladores, 4 técnicos de sonido, 2 continuistas, 2 médicos, 1 asesor de dicción

TOM SOBRE DIRIGIR LA TRANSFORMACIÓN DE DAPHNE:

Es una escena muy cinematográfica y dramática, ya que marca un cambio radical en el camino de Daphne. Necesitábamos que fuera un momento importante mientras bajaba la escalera, como si bajara de las nubes para jugar en serio.

Usamos diferentes velocidades mientras ella se mueve por la estancia con repentina sensualidad, con ese uso del abanico..., y también usamos la posición de cada personaje para que los espectadores pudieran ver cómo la recibían. Fue un metamomento de la audiencia observándolos. Está expuesta, pero Simon es su objetivo. Así que lo coloqué muy cerca de ella, y después hice que el príncipe se le pusiera delante, mientras todos están casi en trance, para que se vea bien cómo se esfuerza por llamar su atención. Eso crea un cambio en la dinámica, mientras el príncipe se arrodilla al pie de la escalera.

Repasé la escena con cada actor para poder exprimir lo que sentían: deseo, celos, admiración, amor y más. Violet se avergüenza del espectáculo que está dando Daphne. Por el contrario, a la reina le encanta, y lady Danbury está frustrada con Simon. Se ve todo. También se ve a las Featherington en el centro, a Penelope... No solo lo observa como lady Whistledown, también se ve su desconcierto, ese «¿Qué pasa aquí?». Conoce bien a Daphne, y esa es una Daphne totalmente distinta. Es una transformación evidente.

BAILE DE LA INGENUA

DIRECTOR:
Tom Verica

LOCALIZACIÓN:
Great Hall, Leigh Court, Bristol

CANCIÓN:
«Feeling Exceptional», de Kris Bowers

MEJOR FRASE: «¿Por qué conformarse con un duque cuando puede tener a un príncipe?».
—LADY WHISTLEDOWN

MOMENTAZO: Daphne y el abanico, por favor.

ELENCO: Principales, más 67 secundarios, incluyendo: 4 músicos, 12 bailarines, 3 damas de compañía de la reina y 2 ayudantes de campo del príncipe Federico.

EQUIPO: Principales, más 1 estilista gastronómico, 3 utileros, 1 3er AD, 3 encargados de personal, 1 asistente de producción, 2 coreógrafos, 5 operadores de cámaras, 6 técnicos de grúa, 6 electricistas, 3 aparejadores, 22 costureros, 25 peluqueros y maquilladores, 4 técnicos de sonido, 2 continuistas.

JACK MURPHY SOBRE LA COREOGRAFÍA DE PHOEBE:

Cuando Phoebe bajaba la escalera durante los ensayos, no se sentía cómoda. Vino a preguntarme y yo era muy consciente de que Tom estaba a solo dos metros de distancia. Pero quería saber cómo hacerlo desde el punto de vista físico.

Miré a Tom, y me dijo con los ojos: «Sí, claro, tú a lo tuyo». Y le dije: «Te sientes incómoda porque todos te miran. Así que estás representando el sentimiento, no actuando. A medida que bajas la escalera, te das cuenta (y aquí viene la transición) de que quieres incomodar a "otra persona". Y vas a manipular al príncipe para lograrlo. Así que deja de centrarte en lo que sientes y actúa».

Tom me miró, sonrió y preguntó si todo iba bien. Pensé que había metido la pata. Y dije: «¡No mates al mensajero! ¡No mates al mensajero!». Y él replicó: «No, está bien, no pasa nada». Fue muy emocionante para mí, porque en la jerarquía, al estar tan por debajo de Tom, me sentí reforzado. No solo lo aprobaba, sino que me animaba a profundizar en mi trabajo. Y Phoebe actuó muy bien, es una escena intensa.

PHOEBE DYNEVOR:

Fue muy generoso que Jack Murphy dijera que solo me sentía incómoda. En realidad, ¡tenía un ataque de pánico! Me había despertado sintiéndome como una mierda. Uno de esos días que tenemos todos en los que no nos aguantamos. Y tenía que grabar esa escena bajando la escalera mientras todos me miraban. Fue durísimo enfrentarme a tantas miradas. Cada escena tiene una intención y yo no estaba en el momento de reclamar la atención de toda la estancia. Me sentía demasiado imperfecta. La conversación con Jack con la que me ayuda a sentirme empoderada fue muy especial, pero esa escena me costó muchísimo... ¡Quería salir corriendo!

KRIS BOWERS:

Hay una canción titulada «Feeling exceptional» que suena cuando Daphne baja la escalera en el baile de la ingenua. Es una escena muy lenta y larga en la que usa el abanico mientras el príncipe y Simon la miran. De hecho, todos la miran. Es un gran momento para ella, y tenía tres o cuatro minutos para jugar y expandir esa canción. Hicimos muchas variantes y la llevamos a la orquesta. Al oírla, puede que no la reconozcas de inmediato como su canción, pero está ahí, en ese momento que se convierte en crucial para ellos: Daphne al tomar el control y Simon al darse cuenta de que no quiere perderla.

JANE KAREN, ASESORA DE DICCIÓN:

Mi trabajo como asesora de dicción es asegurarme de que todos parecen pertenecer a la misma familia y a la misma sociedad. Hay muchos acentos de inglés, y teníamos a actores que representaban a muchos de ellos. Nicola Coughlan y el actor que interpretaba a Nigel Berbrook son irlandeses. El acento Bridgerton de la Regencia es un inglés muy refinado, pero el guion es norteamericano, y siendo de Shondaland, es muy rápido y afilado. En la mayoría de las series de época, los actores podían comer de verdad... Son lentííííííísimos. Además, la pronunciación de los actores ingleses es muy diferente y tenía que asegurarme de que vocalizaban como queríamos y hablaban muy deprisa. La claridad era crucial para mí.

Cuando empezamos la preparación, no teníamos los guiones, así que me inventé historias de lady Whistledown para que las Featherington pudieran leérselas unas a otras como si estuvieran en el salón. Trabajamos varias opciones para Shondaland de modo que parecieran una familia. Para el acento francés de Kathryn, hicimos muchas variaciones para que escogieran: ¿Es perfecto? ¿No pega ni con cola? Después mi trabajo consistía en asegurarnos de mantener la versión aprobada del acento en todo momento.

También trabajo con los actores para que las escenas sean creíbles, sobre todo en las que demuestran mucha emoción: ¿Esta rabia hace que parezcan unos brutos? ¿Están lo bastante calmados? ¿Cómo perdería tal personaje los estribos? Como es la sociedad de la Regencia, son muy educados e ingleses, así que cuando alguien les dice algo espantoso, ¿cómo reaccionan? Al fin y al cabo, es *Los Bridgerton*, y hay muchas personas criticando, y los británicos son únicos a la hora de hacer comentarios mordaces y maleducados. Así que los actores y yo teníamos que centrarnos en bordar ese aspecto.

SABRINA SOBRE ENSAYAR PARA CANTAR EN LA ÓPERA:

En aquella época, las artes estaban infravaloradas. Los cantantes y los actores no se valoraban como hoy en día. Siena tenía que depender de un hombre para vestirse y comer y así poder seguir desarrollando su talento. Y lo que hace es difícil. Tuve que dedicarme en cuerpo y alma en cada aria, y me preparé 5 meses para subirme a ese escenario. Tuve que aprenderme las canciones, incluida la pronunciación en diferentes idiomas. Primero tuve que ponerme en forma para adquirir potencia. Tuve un profesor de francés y de italiano. No hubo atajos. Fue tan difícil que algunos días solo quería sentarme y llorar.

Es gracioso porque, al principio, hice la prueba para Daphne. Luego me llamaron para Siena, que en aquel entonces era italiana, así que trabajé con un profesor de interpretación e hice la prueba en italiano. Hice 3 pruebas más para Daphne y 3 para Siena. Sabía que Siena era cantante de ópera, pero poco más. Así que cuando me eligieron, me dijeron que empezaría a trabajar esa semana, y fue en serio. No sabía hasta qué punto iba a cantar Rowan Pierce, una soprano de la ópera de San Francisco, así que me preparé como si tuviera que hacerlo todo. Fue una locura, alucinante.

Recuerdo el primer día que tuve que cantar delante del elenco y del equipo, entre 60 y 100 personas. Estaba aterrada. Los ejecutivos también estaban allí. Era uno de mis primeros días en el set, y creí que iba a vomitar y a desmayarme. La gente se movía, bebía té, y nadie oía la música salvo yo, que llevaba un pinganillo. Y empecé a cantar. Todos se detuvieron a mirar. Vi a Phoebe, a Nicola y a Jonny con los móviles en la mano, saltando. Me habían oído por los altavoces y se acercaron corriendo para verme. Cuando terminé, se hizo el silencio y luego todos empezaron a cantar y a aplaudir. Me eché a llorar. Que todos aparecieran para apoyarme fue el momento más especial de mi vida. Una experiencia mágica.

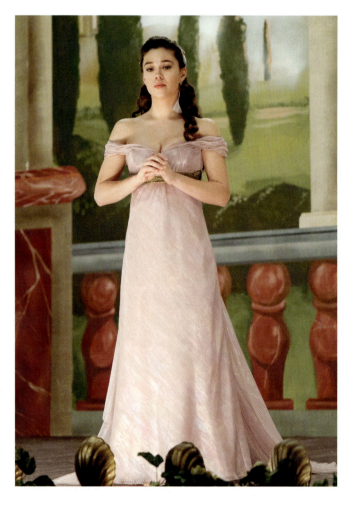

JONATHAN Y LOS LUKE SOBRE LA ESGRIMA:

JONATHAN BAILEY: Los hermanos se emocionaron muchísimo por la idea de grabar una escena los tres solos. En un momento dado, nos hicieron una prueba de vestuario para remar, y el coordinador de producción llamó para decir: «Estamos pensando en poneros un instructor de remo», así que intentamos averiguar quién era. Pero aunque creíamos que acabaríamos en el río, unas semanas después estábamos aprendiendo esgrima.

LUKE NEWTON: Entrenamos por separado por las normas COVID del momento, no podíamos ensayar juntos. Cuando por fin lo permitieron, repasamos las rutinas. Nos refrescó la memoria y nos obligó a estar atentos.

JONATHAN: Nos inventamos las rutinas nosotros mismos, y fue una prueba de personalidad. Luke Newton es muy paciente y alegre. Luke Thompson es muy constante, tranquilo y preciso. Y yo soy muy impetuoso y no dejaba de decir cosas como: «A ver, que sí, pero la verdad, creo que deberíamos...». Así que fue emocionante.

LUKE THOMPSON: No hay entrenamiento posible que te prepare para la hierba empapada y los resbalones. Te sientes fenomenal rodeado por gente vestida normal mientras tú llevas camisas anchas y una espada. ¡Te sientes genial, nada de ridículo! Pero cuanto te caes con esas calzas tan ceñidas y ese chaleco tan increíble..., qué espectáculo.

JONATHAN: Mis calzas acabaron rajadas porque a media lucha casi me abrí de piernas. En la temporada 1 rompí unos pantalones con Siena, así que ¡encantado de seguir en mi línea!

«Bill Richmond, en quien se basa Will Mondrich, fue un famoso boxeador de la época. Nació en la esclavitud en Nueva York, aunque vivió en Reino Unido casi toda la vida».

—Hannah Greig

LAS HERMANAS DENT, MONTAR A CABALLO:

SAM DENT, EXPERTA EN CABALLOS: Lo más importante que enseñamos es a controlar y a tener seguridad. Porque en cuanto te sientes seguro a lomos de un caballo y sientes que tienes el control, lo demás es fácil. El personaje de Regé es muy arrogante, así que debía parecer que sabía lo que hacía. La primera toma suya a caballo no admite doble, porque todo gira en torno a su cara. Así que tiene que hacerlo bien. No hay elección.

REGÉ: Volver de una pieza es la prioridad; tener buen porte tal vez sea lo segundo. Aprendes un lenguaje corporal a caballo. Aprendes a comunicarte con el caballo casi como si fuera otro actor. ¡Sin ánimo de ofender a mis compañeros! Es como estar en un rodaje con un actor veterano que sabe lo que pasa mucho mejor que tú. Así que tienes que presentarle tus respetos e ir en plan: «Mira, sé que soy nuevo. Sé que tú eres mejor, pero ¿conduzco yo? ¿Te importa?».

CHARLOTTE DENT: Phoebe empezó un poco nerviosa, lo normal. En muchas películas de época, montan a caballo con un arma en la mano, pero dado que Phoebe es una dama de la Regencia, trabajamos en que relajase la mano en el muslo.

KATE: Me enamoré de montar a caballo. Nos esforzamos mucho por hacerlo bien delante de la cámara.

LIZZIE TALBOT SOBRE SU PAPEL COMO COORDINADORA DE INTIMIDAD:

Los actores necesitan un rumbo, y poder decidir cómo actuar. Así que, en cierto sentido, mi trabajo es representar a los actores y asegurarme de que siempre están cómodos, pero también ayudo a coreografiar toda la acción para que sepan dónde poner las manos, las bocas y los cuerpos. Una vez que se activa la memoria muscular, pueden perderse en la actuación.

Hablábamos mucho sobre cómo creía cada actor que debía ser una escena. Luego repasábamos varias coreografías para ver qué funcionaba y creábamos opciones para el director y el director de fotografía, para que todos elaboráramos juntos el plan.

Los Bridgerton es una serie inusual en el sentido de que podíamos ensayar mucho, así que podíamos probar muchísimas cosas diferentes mientras trabajábamos. Es mejor que rodar del tirón porque podíamos experimentar. Conseguir que la intimidad parezca real y potente es mucho más complejo que pegar los genitales y frotarse.

Creo que la gente empieza a comprender que la intimidad es mucho más que engañar a los demás haciendo creer que estás haciéndolo. Aprovechar esa intimidad no solo aumenta la experiencia del espectador, sino que empodera al actor. No quieren sentirse cosificados y tímidos; quieren sentir que les gustan sus cuerpos y que no es una escena gratuita, sino que forman parte de la narrativa y expresan al personaje en esos momentos tan íntimos.

PHOEBE DYNEVOR SOBRE LAS ESCENAS ÍNTIMAS:

He hecho escenas íntimas a lo largo de mi carrera en las que no sabía qué estaba pasando. El director dice «Acción» y luego «haz que parezca apasionado». El otro actor podría hacer cualquier cosa en ese momento. Es un momento incomodísimo en el que no te sientes a salvo por lo vulnerable que resulta. Así que tener a una coordinadora de intimidad como Lizzy Talbot fue todo un cambio. Trabajamos con ella muy de cerca: nos asesoró, planeamos cada movimiento juntos..., dónde poner las manos y cuándo, dónde íbamos a poner el cuerpo y cuándo. Eso nos permitió aprendernos de memoria la coreografía. Con los límites bien claros, te sientes liberada, sobre todo porque te encuentras segura y protegida.

Esas escenas parecen fáciles, pero son muy difíciles de rodar, tienen muchos matices y son muy específicas. Muchas necesitan de un día entero. Literalmente, Regé y yo estábamos en bata y zapatillas desde las 8 a las 18.00. Cuando terminábamos, era como un subidón, chocábamos los cinco y aplaudíamos. Rodar esas escenas sin sentirme expuesta y con la idea de que formaban parte de mi viaje mientras asumía el control de mi sexualidad resultó empoderador. Y Regé se mostró muy protector. Dado que se grabó desde el punto de vista femenino, ves su cuerpo mucho más que el mío.

JULIE ANNE ROBINSON SOBRE LOS ENCARGADOS DEL PATRIMONIO:

En estas mansiones antiguas no hay flexibilidad: no puedes mover la cama, ni un cuadro, ni el armario. Tienes que ser delicado con los muebles. Simon y Daphne pasaron mucho tiempo en el dormitorio del duque, que estaba en Howard Castle. Había encargados del patrimonio siempre presentes. Si para nosotros los rodajes son sagrados, para ellos su trabajo lo es todavía más. Estaban en las escenas con nosotros. Mientras rodábamos, decían: «¿Podéis tener más cuidado con la cama, con el poste?».

Educación sexual en la Inglaterra de la Regencia

«Bueno, hay cosas que tienes que saber. Algunas cosas que pasarán que te implican a ti y a tu esposo. El duque, claro. Bueno, él... Verás... El acto conyugal que, ahora que estás casada, tú puedes realizar».

–Violet Bridgerton

SHONDA: Ay, Violet... Esa charla premarital fue maravillosa. Aunque, para ser justas, la educación sexual actual es casi igual de pobre. La madre de Violet tampoco se sentó con ella para contarle lo que le esperaba. Le reconozco el mérito de intentar hacerlo lo mejor posible con su hija, en una época en la que no había guion. Debía de ser incómodo. Y también le reconozco el mérito de no hacerlo parecer algo terrible o vergonzoso, o sugerir que el sexo solo era para procrear. ¡Se percibe que Violet entiende el placer!

BETSY: Cierto. En ningún momento insinúa que debe complacer a Simon o habla del deber de una esposa para con su marido. Acepto la lluvia, las flores y los perros. Creo que es fácil identificarse con el hecho de que Daphne llegue a su noche de bodas sin información. Puedes trasladarlo a la actualidad si piensas en la experiencia de ser mujer. No tengo hijos, pero mis amigas me dicen siempre que nadie les dijo qué esperar del parto o de cualquier otra etapa, vamos. Creo que hay una sensación generalizada de que no tenemos toda la información cuando nos metemos en alguna situación.

SHONDA: Para ser justas, Daphne se lo pasa estupendamente..., y tal vez podamos argumentar que la falta de una idea clara le permitió disfrutar sin más. Aunque es una decisión difícil. ¡Yo querría toda la información clave, desde luego! Y es evidente que se enfada con su madre por hacerla sentir tonta y mal informada.

BETSY: En defensa de Violet, creo que también deja claro lo controladas que estaban las muchachas de la alta sociedad, porque sabemos por la escena de la orgía, por la relación de Anthony y Siena, por la vida libertina de Simon, por la aventura de Marina y por documentos históricos y caricaturas de la época que los demás se lo montaban... a todas horas. Era una cultura muy sexualizada. Salvo para las mujeres de cierta clase social. Y no solo las protegían del acto en sí, o de cualquier contacto, sino también de la información. Así que no podemos achacar la laguna educativa de Daphne a Violet. Además, ¿qué hijo quiere que sus padres le hablen de sexo?

SHONDA: Hay que aplaudir el ingenio de Violet al inventarse la historia del cachorro a sabiendas del poco lenguaje que tendría para hablar de sexo. Pero en cuanto a tu pregunta... Ninguno, creo. Y también creo que todos aplaudimos a Simon por enseñarle a Daphne a masturbarse y luego por priorizar tanto el placer femenino. Eso era muy importante para todos: no solo captar la serie desde ese punto de vista, sino dejar claro que lo importante es el deseo, el apetito y el placer de Daphne y no el de Simon.

BETSY: Y se lo pasa en grande. Es una serie revolucionaria, incluso para los estándares de hoy en día, algo que es una pena. Necesitamos ver más mujeres empoderadas en cuanto a su sexualidad. Bien por Daphne por allanar el camino.

HANNAH GREIG SOBRE LA EDUCACIÓN SEXUAL EN LA INGLATERRA DE LA REGENCIA:

Los diarios de la época confirman que las mujeres sabían qué hacer con su cuerpo: comprendían la menstruación y, hasta cierto punto, el embarazo; no tanto en términos científicos como que hacía falta el sexo y se tardaban entre nueve y diez meses y demás. No hay nada de educación sexual, que ya lo dice todo.

«*Cuando hay un narradora que dice "Érase una vez", tienes que decirle a la gente lo que va a ver muy deprisa*».

—Betsy Beers

6
LA VISUALIZACIÓN DEL MUNDO

WILL HUGHES-JONES SOBRE EL LEGADO DE LAS DECISIONES DEL DIRECTOR:

Es habitual que a los directores de los episodios piloto se les ocurran muchas ideas increíbles para la serie, pero como creador, debes hacer de guardián para no acabar pegándote un tiro en el pie. Puedes tener un follón a mitad de la serie, cuando descubras que una idea del director del piloto no funciona con el tercer director que viene.

JULIE ANNE ROBINSON:

George Clooney ha dicho que ser director es como morir por picotazos de gallinas. Consiste en gran parte en tomar decisiones, o al menos en ser capaz de alcanzar una conclusión colaborativa. Eres el responsable de poner en marcha las cosas para mantener el ritmo con este tipo de narración.

Los Bridgerton fue un proceso muy colaborativo. Antes de rodar, estábamos en contacto constante con el equipo de EE. UU., tomando decisiones. Por ejemplo, me preguntaron: «¿Cuántos lacayos quieres en el carruaje y de qué color serían las libreas?». Nunca había hecho una serie de época, así que no tenía ni idea de cuántos lacayos iban en un carruaje. Me dijeron que eligiera entre 4 o 6. Así que me quedé con 6. Quería el mayor número posible para cada elección, así que también quise 6 caballos. El color de la librea también dictaba el color del carruaje, que a su vez dictaría el color de todos los criados. Cuando piensas en las mansiones antiguas, tenían cientos de criados, que llevarían todos el mismo uniforme. Así que incluso unas decisiones tan tontas tenían implicaciones importantísimas.

Montaje del director: Julie Anne Robinson sobre la escena a caballo

En el episodio 101, Phoebe y Jonathan van a caballo y mantienen una conversación crucial. De todas las escenas que he dirigido, esa es de mis favoritas. Primero, Phoebe necesitaba clases de equitación, pero luego, en términos prácticos, lograr que dos caballos caminen juntos para lograr una bonita toma de los dos o de uno solo era imposible. Fue horrible. Al final, un miembro del equipo me dijo que en todas las producciones de época inglesas usaban un aparato mecánico: dos caballos falsos que subían y bajaban, y rodabas con un croma. Así que tenemos una escena rarísima con dos caballos andando a la par. Los actores estuvieron magníficos, aunque me disculpé con ellos por hacerles eso. Al fin y al cabo, los caballos eran muy sensibles y cuando decía «¡Acción!», ¡salían disparados!

Anatomía de una escena
LA BIBLIOTECA

DIRECTORA: JULIE ANNE ROBINSON • EPISODIO: 106 «FRUFRÚ»

SHONDALAND SOBRE LOS MONOS PROTECTORES, LA INTIMIDAD SEXUAL Y CREAR UN SET SEGURO:

Mono protector: 1. Ropa de trabajo para proteger el cuerpo.

En todas las producciones siempre mando una nota a los actores que dice: «Si quieres ponerte un mono protector durante una escena de cama, lo tendrás, y que el director se las apañe». Siempre me preocupo mucho porque todos los actores se sientan cómodos. Pero el sexo en *Los Bridgerton* es fundamental, así que era imposible llevar mono.

Tenemos un coordinador de intimidad en todas las series, pero contar con la adecuada en *Los Bridgerton* era vital: sin ella, estas escenas fundamentales no habrían salido bien. Debían ser lo más excitantes posible para los espectadores sin disminuir la dignidad y la comodidad de los actores. Lizzy nos permitió crear magia, parece muy real.

Me sorprende que la industria se haya resistido a los coordinadores de intimidad y que el puesto no sea imprescindible en un rodaje. No consiste en ceder el control, sino en promover la idea de que las escenas son colaborativas y de que todos deben trabajar juntos y generar confianza para contar una historia que parece adecuada. En *Los Bridgerton*, el sexo es la narrativa. ¡Teníamos que bordarlo!

JULIE ANNE ROBINSON: Después del piloto, los productores me pidieron hacer el episodio 6 por un motivo muy práctico: la ropa era tan complicada y bonita que rodar el episodio 2 de inmediato era imposible por la cantidad de bailes. El 6, el de la luna de miel, necesitaba poca ropa, así que el equipo de vestuario tenía la oportunidad de ponerse al día. Le dije a Betsy que me parecía bien. Y luego lo leí y pensé: «Ay, por favor, ¿dónde me he metido?».

Claro que si Betsy me pide algo, no suelo negarme. Es fantástica, una de las mejores productoras con las que he trabajado. Y fue un desafío interesante, por su complejidad. Hicimos un episodio sobre lo que nunca vemos y de lo que no hablamos. Trasladar esa historia sin verlo o hablar del tema es muy difícil.

La escena de la escalera fue la primera que rodamos de toda la serie. No hay tantas opciones como se podía pensar al principio. Fue en el Reform Club en Londres, y disponíamos de un día, de uno solo. Si lo piensas, se nos va mucho tiempo vistiendo y arreglando a mucha gente. Para la escena de la conversación entre Regé y Jonathan, mientras fuman y beben en el club, había muchos extras. Así que no podíamos empezar por esa. La otra escena era la íntima en la biblioteca del duque. Y por esa empezamos. Así es como se toman muchas de las decisiones de producción.

Solo eran ellos dos, así que podíamos rodarla primero y aprovechar al máximo el día y la localización. Phoebe y Regé fueron unos campeones y dijeron: «Oye, mejor nos vamos acostumbrando». Y allá que fuimos. Ya había planeado el montaje, de modo que sabía lo que quería. No hice guion gráfico, pero lo tenía claro y había marcado las otras localizaciones. De modo que fuimos a por todas, porque era la única oportunidad de grabar en ese increíble lugar.

LIZZY TALBOT SOBRE LA PRIMERA ESCENA DE PHOEBE DYNEVOR:

El Reform Club fue exclusivo de caballeros hasta la década de 1980, así que fue muy divertido rodar una escena de placer sexual femenino en un lugar que estuvo vetado a las mujeres hasta hace poco. Es muy descarado.

También fue la primerísima escena que rodó Phoebe, y Regé solo había rodado unas pocas, así que directamente los lanzamos al fuego de la intimidad. Cómo no, teníamos que empezar con una escena de sexo oral en una escalera de biblioteca. ¡Eso es llegar a nuevas cotas! Les pregunté si estaban preparados, y se volvieron con los pulgares hacia arriba antes de estallar en carcajadas. Su primer día de rodaje e iban a escenificar sexo oral en la escalera de un club de caballeros.

TOM VERICA SOBRE LA IMPORTANCIA DEL RITMO:

Las series de Shondaland tienen cierto ritmo que se les recuerda constantemente a los actores. Lo que se hace en postproducción es limitado, porque todo se reduce a la cadencia. Por ejemplo, Polly Walker repetía que el ritmo de *Los Bridgerton* era muy refrescante porque estaban acostumbrados a cierta cadencia en las series de época. Les enseñaban a alargar las palabras, contrario al método Bridgerton, que es el de dar cuenta del diálogo deprisa. Tuve que presionar a los actores y marcar el ritmo. Usé esta metáfora en *Scandal*, pero se mantiene en *Los Bridgerton*: hay que sentir que se va en un coche sobre dos ruedas que podría enderezarse o volcar del todo. Si el actor no sabe qué va a pasar, eso es justo lo que pretendemos.

Desde un punto de vista técnico, interesa que la audiencia no sepa qué va a pasar. Esa es la energía que te hace sentir que te has bebido toda la serie de golpe cuando termina. Eso es lo que buscamos.

El continuista se ríe de mí porque siempre pregunto la duración de la toma. Normalmente, una página de diálogo es un minuto de escena. Yo quiero que sea de 40 segundos o 50 y pocos. No todas las escenas van igual. Queremos ganarnos esos momentos en los que no se dice nada y son lentos. Nos movemos sin parar, así que cuando nos tomamos un minuto, es importante. Chris, Shonda y yo sabemos los minutos que debemos disfrutar, lo planeamos. Son momentos como los de Regé con la cucharilla, o el momento íntimo en la galería.

Siempre hay ritmo. ¿Cuándo se cambia? ¿Cómo entramos y cómo aumenta? Hay conversación antes de la escena. Nos quedamos sentados con las miradas y las manos que apenas se tocan. Son elementos diseñados para permitir la intimidad del momento que nos hemos ganado con el cortejo.

«Daphne empieza a despertar cuando ve a Simon comer helado. La atracción cobra vida en su interior y no sabe qué le pasa. Queríamos ralentizarlo para captar cómo se queda traspuesta viéndolo comer, así que redujimos la velocidad a fin de que el espectador entrara en su cabeza: la estás viendo mientras ella lo observa. Y es un momento muy íntimo en un lugar muy público, donde todos los miran, aunque finjan no hacerlo.

Cerramos el plano con la cara de Simon para que casi diera la sensación de que lo estaba besando o de que pensaba en besarlo. Rodamos la escena de forma tradicional salvo ese momento, que queríamos resaltar».

—Tom Verica

Anatomía de una escena
EL CUADRO

DIRECTOR: TOM VERICA • EPISODIO: 103 «EL ARTE DEL DESVANECIMIENTO»

TOM VERICA SOBRE EL MOMENTO EN EL QUE SABEN QUE ES REAL:
Una de mis escenas favoritas fue en el episodio 3 cuando Daphne y Simon están en la galería, el uno junto al otro, y se rozan las manos. Es una escena de tres páginas con un enorme silencio que se escribió justo para transmitir la conexión. Me resulta muy seductor sin necesidad de ser demasiado evidente. En muchas producciones actuales, los personajes se acuestan a las primeras de cambio. Pero en el «cortejo» de Daphne y Simon, buscábamos la química palpable y la conexión, aunque no puedan expresarlas por las normas de la Regencia... y sigan fingiendo que su coqueteo es una farsa.

El ADN de la escena es que Daphne se acerca a Simon mientras él mira el cuadro preferido de su madre. Simon lo ve a su manera; Daphne aporta su perspectiva. Hice que cada uno mirase a un lado porque era evidente que querían estar el uno junto al otro, pero ¿cómo acortar esa distancia? Quería hacer esperar al espectador hasta llegar al momento en el que por fin se miran, en el que conectan.

Me pareció muy sensual que hubiera una atracción física inevitable, pero la mantuvimos a raya al hacerlos mirar, metafórica y físicamente, en direcciones opuestas, mirándose de reojo mientras hablaban.

Cuando Daphne por fin se vuelve, hacen ademán de acercarse, y los ves el uno al lado del otro. Hicimos una toma concreta para centrarnos solo en sus manos mientras sienten la calidez del otro. Si los vieras desde lejos, solo serían dos personas mirando un cuadro y hablando de él, pero la química entre ellos hace que haya mucho más: el incitante coqueteo mientras mantienen las distancias. El momento se fue fraguando poco a poco hasta que por fin se produce esa liviana y electrizante caricia.

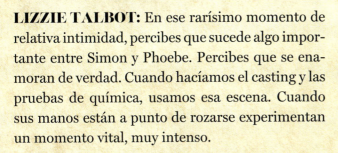

LIZZIE TALBOT: En ese rarísimo momento de relativa intimidad, percibes que sucede algo importante entre Simon y Phoebe. Percibes que se enamoran de verdad. Cuando hacíamos el casting y las pruebas de química, usamos esa escena. Cuando sus manos están a punto de rozarse experimentan un momento vital, muy intenso.

PHOEBE DYNEVOR SOBRE LA CAMBIANTE PERCEPCIÓN DE DAPHNE EN CUANTO AL AMOR:

Daphne es joven. Tiene dieciocho años, nunca se ha enamorado. Ni siquiera sabe lo que significa. Creo que Simon se da cuenta de que la ama antes que ella, y la escena delante del cuadro se lo señala. Creo que ella se siente atraída desde el principio, pero se frena. Todos tenemos una versión idealizada del amor, y a cierta edad las mujeres tenemos en la cabeza una especie de instinto maternal, de cuidar. Daphne no es distinta: cree que puede salvar a ese hombre. Por suerte, puede hacerlo, pero no siempre acaba así.

TOM VERICA SOBRE LA ILUMINACIÓN A TRAVÉS DEL TIEMPO:

En cuanto a la parte artística de la creación de una serie, me enorgullezco muchísimo del trabajo del equipo en la escena en la que lady Danbury lleva al Simon de 12 años a enfrentarse a su padre. Al principio, Simon no tartamudea, y por un instante se ve la expresión esperanzada de su padre al pensar que tal vez su hijo es el duque que desea; luego Simon se pone nervioso y tartamudea de nuevo. Su padre le cierra la puerta en las narices.

En la siguiente escena, el Simon actual está en la misma estancia, sentado en el sillón de su padre, rememorando aquel momento. Habría funcionado de maravilla solo con Simon allí sentado, pero quería crear una conexión con la desesperación del joven Simon al darle la espalda a su padre. Así que puse a los dos Simon en la misma toma. La cámara hace una panorámica y, en mitad de la toma, el equipo de iluminación pasó la escena de día a noche. Hicimos una línea divisoria en la estancia para marcar la transición. Los tiempos tenían que ser exactos. Fue un logro técnico que implicó a casi todos los equipos. A Regé le encantó el momento, porque le dio la oportunidad de conectar con el dolor de su yo joven en ese último encuentro con su padre.

CHERYL DUNYE SOBRE JEFF JUR, EL MARAVILLOSO DIRECTOR DE FOTOGRAFÍA:

Jeff Jur, director de fotografía, creó todo el aspecto de la serie. Lo normal sería pensar que alguien de su talla estaría harto y diría: «Guapa, me largo». Pero es el hombre más amable del mundo y quería quedar los findes para hablar de lo que íbamos a grabar. Éramos como niños. Se coloca donde se manejan las cámaras, cuando muchos otros se limitan a sentarse y a dirigir al equipo. Jeff trabajaba todo el tiempo. Estaba en el set antes que yo, y tenía cuerda para rato mucho después de que yo estuviera muerta. Siempre quería reunirse, hablar, marcar las posiciones y asegurarse de que yo tenía todas las tomas que quería y necesitaba. Es una persona maravillosa. En su carrito, donde estaba y desde donde dirigía, tenía una pequeña Nespresso. Y siempre preparaba cafés y me ofrecía uno. Me cuidaba al 200%, se anticipaba a todas mis necesidades.

LA DIRECTORA CHERYL DUNYE SOBRE LA GRAN ESCENA DE SEXO DE LA TEMPORADA 2:

No fue una escena fácil. Chris Van Dusen quería que se rodara en el exterior, bajo la luz de la luna, en el suelo. ¡Y era noviembre! Quitarse toda esa ropa con romanticismo (¡Ella llevaba corsé!) y hacer que parezca romántico no es fácil. Jeff Jur y yo tuvimos que ingeniárnoslas para rodar de todas formas, hacer una toma amplia o un primer plano, decidir qué podíamos rodar en interiores de cerca y qué rodar en exteriores con un campo más amplio. Además tuvimos que ingeniar cómo hacer que parecieran acalorados, aunque era invierno, la una de la madrugada y hacía mucho frío.

La otra gran conversación de la escena (muy esperada por la audiencia) es que nuestra protagonista india va a practicar el sexo sin estar casada mientras que la protagonista blanca de la temporada 1 ya lo estaba. Se lo comenté a Chris y a Tom Verica. Lo entendieron perfectamente, así que la escena se centró por completo en el placer de ella y en Anthony dándoselo.

SIMONE ASHLEY SOBRE LA ESCENA DE SEXO:

Trabajar con Sheryl se parecía a trabajar con Anthony: no hablábamos mucho, era más implícito. Lo entendía. Y era muy detallista, sobre todo con la escena íntima. Como ella dijo: «Estamos viendo a una chica india en pantalla, tal vez por primera vez de esa manera, y queremos que sea empoderador para ella». Así que lo convertimos en un momento mejor, más subido de tono, mientras Anthony la complace. Es muy importante representar a mujeres en el plano sexual con poder y seguridad, disfrutando de lo que se merecen.

ANNIE LAKS, VICEPRESIDENTA DE CONTENIDOS CREATIVOS DE SHONDALAND, SOBRE LOS RODAJES AJUSTADOS Y NO PASARSE DE TIEMPO:
Mi trabajo como representante de Shondaland es asegurarme de que conseguimos lo que necesitamos. Todas las opciones. Hay que solucionar muchos problemas *in situ*, porque todos los días aparecen problemas nuevos e interesantes. ¡Es impredecible!

Un viernes por la noche al final de la temporada 1, estábamos grabando dos episodios a la vez. De manera que había dos directores y dos equipos distintos corriendo para terminar el trabajo de la semana ese viernes noche. Al final del día, íbamos cortos de tiempo y necesitábamos rodar dos escenas clave. Y claro, tenían que ser en la misma localización. En el decorado octogonal, teníamos a Siena y a Anthony haciéndolo, como siempre. Y justo al final del pasillo, teníamos la escena de la muerte de lord Featherington. Aunque es un almacén gigantesco, estos dos decorados más pequeños están más juntos... y era una escena íntima, con el set cerrado y pocas personas en los monitores. Sin embargo, hacían falta muchas personas cerca, entre peluqueros, maquilladores o costureros.

Por culpa de las restricciones sonoras en ese espacio tan pequeño, no podíamos grabar a la vez, así que íbamos de una a otra, de una a otra, y nos estábamos quedando sin tiempo. Nunca se me olvidará estar delante de los monitores, con cientos de ojos clavados en mí, mientras gritábamos: «¡A POR SEXO! ¡A POR MUERTE!», sin parar. Es buen resumen de la serie, captado en un viernes por la noche.

ANNIE LAKS SOBRE CÓMO ANIMAR A TODOS:

Jeff Jur, el director de fotografía, sabía cómo ponerles las pilas a todos. Estábamos rodando el baile de las Featherington de la temporada 2, eran las 3 de la mañana y todos flaqueaban. Así que durante un descanso puso a todo trapo *Saturday Night Fever* en el salón de baile. Todos se volvieron locos con sus trajes de época y se pusieron a bailar. Fue muy divertido verlos a todos desestresarse.

La música era muy importante en el set. Y nos encantaban los bailes. Jack Murphy hizo una coreografía para todos al son de «We are family» para los descansos. Y cuando terminamos con Golda en la temporada 2, la despedimos del rodaje con «Dancing queen». El equipo se volvió loco bailando para ella. Así que implantamos la tradición de despedir a todos con diferentes canciones.

Julia Quinn sobre el palamallo

La interacción entre los personajes en la escena del palamallo es reconocible para cualquiera que tenga hermanos. Siempre bromeo con que los Bridgerton podrían haber convertido el cróquet en un deporte de contacto: son muy mordaces y competitivos entre sí, como solo se puede ser con un hermano. No es tanto que quieran ganar, como que los demás pierdan.

Es una escena mítica de los libros, pero estuvo a punto de no aparecer..., creía que la historia avanzaba demasiado deprisa y que no había demostrado lo suficiente que Kate y Anthony ya no se odiaban. Así que empecé a preguntarme qué recurso podíamos usar para convencer a Kate de que Anthony no era malo. Y decidí que lo viera interactuar con su familia, sobre todo de forma mordaz y desatada. Nadie puede ser malo si se porta así con su familia. Están dispuestos a pegarse en la cabeza los unos a otros, pero hay verdadero amor. Acabó ocupando varios capítulos porque fue muy divertida de escribir.

Cuando Netflix publicó las primeras fotos, vimos a Simone Ashley sosteniendo un rifle con Anthony, Benedict y Jack Featherington de fondo. Parecía feroz, estaba impresionante. Pero las lectoras se llevaron las manos a la cabeza al creer que Shondaland había sustituido el palamallo por el rifle.

Teóricamente, podría ser cualquier deporte. Pero de niña, íbamos mucho a casa de mi abuelo, y en mi cabeza, el patio era enorme, seguramente porque yo vivía en un piso sin jardín. La vecina tenía un juego de cróquet en el cobertizo, y nos dijo que podíamos usarlo cuando quisiéramos. Era lo que más nos gustaba, poníamos los aros sobre raíces de árboles para que fuera muy difícil.

«Tenemos unos guionistas con mucho talento: hacen un trabajo magnífico para darle forma a la temporada e indicar dónde va a acabar. Luego nosotros teníamos que ceñirnos lo mejor posible. A veces, algo resalta más, como una actuación concreta. Y al final, se ve la magia que Shonda aporta en la tercera fase de escritura, que es la edición. Nunca se ciñe al guion, pero mira el guion gráfico y cambia las cosas de sitio. Es magistral a la hora de aumentar el dramatismo, los momentos y terminar en lo más alto».

—Tom Verica

7
POSTPRODUCCIÓN
LA ETAPA FINAL DE LA NARRATIVA

Uniéndolo todo

«Normalmente, se rueda con un director hasta que terminan todos sus episodios. Luego se pasa cada episodio al equipo de postproducción para que empiecen a editar mientras seguimos grabando con el siguiente. Nosotros, en cambio, rodábamos medio episodio cada vez y los terminamos cuando por fin pudimos volver a los decorados reconstruidos. Se convirtió en el puzle más complicado de nuestras carreras».

—Sara Fischer

BETSY: La última vez que vi a Shonda en persona antes de la COVID fue el 13 de marzo de 2020, unas dos semanas después de terminar el rodaje de *Los Bridgerton*. Como el resto del mundo, cerramos todo y supusimos que volveríamos en breve. Al final, acabamos editando toda la serie a través de Zoom. Que, a decir verdad, tuvo sus ventajas..., como un fácil acceso a la comida.

SHONDA: Oye, yo edité en pijama. ¡Una ventaja! Pero, la verdad, tener trozos de la serie nos ayudó a sobrellevar la pandemia, porque lograba que todo fuera menos espantoso y dramático, más llevadero. Cuando creías que no podías más, veías un episodio de *Los Bridgerton*.

BETSY: Y la normalidad y la rutina de editar se convirtió en un ancla. Nos reuníamos, compartíamos notas e intercambiábamos experiencias. Hacía que te sintieras menos solo y aislado.

SHONDA: Trabajar con los editores también es una de nuestras etapas preferidas, porque aunque no se lleva los laureles, es la fase final de la narrativa. La serie se crea cuando la escribes, después la grabas. Pero la tercera fase es cuando unes todas esas piezas, las mezclas y las encajas.

BETSY: Trabajar con los editores es uno de tus muchos puntos fuertes. Recuerdo que cuando te conocí, nunca habías editado una serie. Y, la verdad, yo era muy buena. Había pasado por salas de edición en mis tiempos y me sentía muy orgullosa de mis habilidades. Así que me cabreé muchísimo cuando diste con la forma de contar la historia en diez minutos, sin experiencia previa.

SHONDA: Bueno, uno de tus puntos fuertes es la música. Eres un gurú musical y siempre sabes encontrar el tono con la canción adecuada. También sabes expresar con palabras lo que quieres para que cualquier compositor lo entienda. Por el contrario, yo tengo buen gusto musical, sobre todo en lo referente a las canciones de fondo en los momentos dramáticos, pero muchas veces me quedo en blanco y te necesito para que tomes el relevo y llegues a meta. Creo que lo que el equipo y tú hicisteis en *Los Bridgerton* ha sido una genialidad. Es algo que yo no podría haber hecho, y funciona de maravilla.

BETSY: Y en teoría podría haber sido un desastre. Recuerdo decirte: «¿Y si usamos canciones que la gente reconoce como si fueran de la época?». Creo que ha tenido tanto éxito porque en cada etapa de la producción queríamos que pareciera de época, pero con suficientes toques modernos para que todo el mundo se identificara. Usar la música como puente de esta manera nos dio la sensación de que no nos alejábamos de la época, pero tampoco machacábamos a la gente con ella.

Trabajo en equipo: Una conversación con postproducción

SCOTT COLLINS, DIRECTOR DE POSTPRODUCCIÓN: En cualquier serie, en postproducción unimos la fina línea entre los planos y la historia: intercalamos esas preciosas tomas amplias, con los planos cortos e íntimos y los diálogos que nos cuentan qué pasa. Así que cambiamos constantemente entre la fotografía y la historia.

Las directrices también son vitales. Gran parte de la serie está en los pequeños detalles por los que es famosa Shondaland. Claro que las líneas de los actores son importantes, pero gran parte de la serie sucede entre diálogos. Eso lo captan los guionistas y lo plasman en papel. Los diálogos son esenciales, pero la primera edición busca resaltar lo que no se dice.

GREG EVANS, EDITOR: Antes de empezar a editar, lo veo todo, todas las opciones. Mientras avanzo, marco cualquier cosa que me intrigue, que me provoque una reacción. Tampoco se me olvida que debe contarse desde el punto de vista femenino; es fácil caer en lo que siempre vemos, que es centrar la mirada en las mujeres. Así que para las escenas de los bailes que yo hacía, buscaba momentos en los que el espectador estuviera pensando en besar a Regé, por ejemplo. El primer montaje encaja con el guion. Aunque me parezca que algo no funciona, quiero que todos lo vean (el director con quien trabajo, el creador, Shonda) para consensuar que no funciona.

Y queríamos que fuera rápida. Siempre decimos que cuando mantienes un ritmo trepidante, los momentos más lentos resultan el doble de efectivos.

HOLDEN CHANG, POSTPRODUCTOR: Las tomas y los decorados eran preciosos, podías recrearte en ellos. Pero al mantener el ritmo, mantienes el interés. A medida que avanzamos, la serie se vuelve cada más más íntima.

SCOTT: Y eso da sus frutos, porque cuando necesitas tensión emocional, añades unos segundos largos e incómodos, y la audiencia los capta.

GREG: Después de mi edición, el director hace su propio montaje. Lo genial de las series de Shondaland es que Shonda y Betsy ven todas las versiones. Quieren ver las diferentes perspectivas y están abiertas a todos los puntos de vista. En mi primera época con ellas, Shonda me dijo: «No quiero que me digas a todo que sí. Si no tienes criterio propio, no ayudas en nada». Es algo que nunca olvido: aportar algo que mejore la visión general.

HOLDEN: Esa es una de las diferencias de la televisión: hay muchas voces y visiones, incluida la del creador. Aunque teníamos cuatro directores, Chris Van Dusen era constante. La temporada 1 fue su primera vez como creador, así que Betsy estuvo presente para las primeras tomas, y luego se apartó y lo dejó a su aire.

SCOTT: Hay que atribuirle gran parte del mérito a los directores, sobre todo de la temporada 1. Todos los episodios se terminaron a la vez, algo muy intenso. No solo es duro para los editores, sino también para la producción que debía alternar la línea temporal. Ni nuestro equipo ni los directores tenían continuidad.

GREG: ¡Yo dejé mi bloque a medias para rodar otra serie! Tenía montado todo el material de exteriores (tenía el duelo, un momento muy dramático) con la banda sonora ya dispuesta. ¡Y me fui dos meses porque necesitaba la segunda parte de mi metraje! Eso no pasa nunca.

SCOTT: Eso hizo que los directores contaran con mucho tiempo. Normalmente van tan deprisa que casi no pueden ver las escenas antes de pasar a la siguiente, pero como todos tenían un descanso, les dimos a todos un montaje previo del metraje de exteriores sin los interiores, así que fueron a los decorados sabiendo cómo funcionaban los exteriores.

HOLDEN: Lo más alucinante es que pasamos esta producción (que sufrió grandes traspiés, aunque el equipo acabó salvando los muebles) y luego... la pandemia. Una semana después de rodar, cerramos la oficina. Normalmente lo habríamos hecho juntos.

SCOTT: *Shondaland tiene unas instalaciones de postproducción increíbles, con un montón de puestos de edición y zonas para ver el metraje juntos. Y no podíamos usar nada.*

HOLDEN: *Normalmente se contrata a una orquesta entera para la banda sonora, y Kris Bowers habría estado presente, dirigiendo. Pero todo estaba patas arriba.*

GREG: *Los editores somos paranoicos de entrada. ¡Pasamos mucho tiempo en salas oscuras! Holden tenía gel hidroalcohólico, toallitas y, lo más importante, discos duros para un año.*

HOLDEN: *Unas dos semanas antes del confinamiento, mandé a mi asistente a comprar. Sabía que si no teníamos discos duros ni acceso al servidor central, no podrían trabajar en la serie. Al final, hubo desabastecimiento de discos duros al igual que de gel hidroalcohólico, pero ¡por suerte llegamos antes!*

GREG: *Lo normal es repetir tomas para asegurarnos de que todo está perfecto y de que tenemos opciones para todo el tejido conectivo.*

HOLDEN: *Se suponía que íbamos a grabar a Daphne y a Simon bailando junto a un acantilado (estaba en la lista), pero acabaron bailando en un cenador. El acantilado habría sido dramático, pero la secuencia no quedó mal.*

GREG: *No nos faltaba nada crucial, sobre todo respecto a la identidad de la serie, las cosas que le dan cuerpo. En la temporada 1, definimos algunos elementos, como los flashbacks o la música como el tema de lady Whistledown, o cómo íbamos a montar para mantener el ritmo y la energía. Después de* vivir en este mundo un año, sabemos cómo enfocarlo.

SCOTT: *Uno de los mayores triunfos para las siguientes temporadas es que Julie Andrews puede grabar su texto en casa, así que les pone voz a nuestros montajes temporales. Para la temporada 1, contratamos a una actriz del sindicato de actores para grabar la voz antes de que Julie tuviera el guion final. No queríamos meterla en un estudio durante la pandemia hasta saber exactamente lo que necesitábamos. El único problema de esto es que el ritmo de la actriz era más rápido, así que cuando quisimos meter a Julie Andrews, los tiempos no se correspondían.*

Hablando de sonido, los mezcladores, Westwind, son increíbles. Pudimos darles cinco o seis días por episodio, cuando la mayoría de las series se hacen en menos de dos, así que pudieron recrearse. Les dan a la música, a los diálogos y a los efectos de sonido una entidad visual: el sonido de los carruajes al llegar a una casa, los jinetes, el tintineo de copas y platos. Subían algunos sonidos, añadían otros. Es una locura pensar en lo necesario para que un mundo parezca real, pero no distraiga ni abrume.

HOLDEN: *Además de la mezcla de sonido, trabajamos con un colorista en Technicolor Hollywood, y luego nuestro equipo de VFX, que pasan la serie, fotograma a fotograma, por el Photoshop. Rodamos escenas que duran segundos o minutos en el transcurso de cuatro horas, así que el equipo de VFX debe asegurarse de que la iluminación se mantiene. También dedicaron mucho tiempo a que todo pareciera luminoso, soleado y cálido. Tuvimos que cambiar muchos cielos grises por azules. En algunas escenas hasta eliminamos aliento condensado porque hacía mucho frío cuando se rodaron y supuestamente era verano. Salvo las escenas con lluvia, intentábamos crear un mundo perfecto.*

La música de la serie

ALEXANDRA PATSAVAS, SUPERVISORA MUSICAL: Siempre me emociona que haya otro proyecto de Shondaland porque hay una nueva firma musical por descubrir. (Hasta la fecha he trabajado en todas sus series, desde el piloto de *Anatomía de Grey*). Me enviaron un guion, que creí entender bien musicalmente, así que nos reunimos antes de empezar el rodaje. Hablamos mucho de cómo debía ser la banda sonora y de qué manera podía colaborar la música con los otros equipos creativos. Evidentemente, el vestuario y el diseño de producción están plagados de referencias de la Regencia, pero tenían permiso para ser modernos, que es justo lo que queríamos para la música. Primero nos centramos en las instrumentales, aunque en todas las series de Shondaland tenemos una fase creativa en bruto, donde proponemos ideas y opciones. Chris Van Dusen es fan de Max Richter, a Betsy le interesaban las versiones instrumentales, había una instrumental moderna de Sufjan Stevens, queríamos algo de pop y tal. Con esas ideas empecé a compilar muchos temas para escucharlos, incluidas muchas versiones.

BETSY: Hace unos años escuché a un grupo que me encanta, Rodrigo y Gabriela. Son un grupo mexicano de trash que no conseguía trabajo. Así que empezaron a hacer bolos por los complejos turísticos y tocaban canciones punk y de rock and roll como si fueran flamenco. Estabas en esos hoteles tan elegantes, pensando que oías flamenco, cuando en realidad era «Stairway to Heaven». Me enamoré de la idea de ese tipo de música. Parecía vital para *Los Bridgerton*. Que la música pareciera de época, pero que en un rincón de tu cabeza pensaras: «Esta canción me suena».

ALEX: Presenté cientos de opciones, a veces hasta diez canciones para una escena. Van a «las papeleras», donde están disponibles para los editores cuando cortan las escenas y colocan la música probando lo que encaja.

Para que una versión sea eficaz, sobre todo instrumental, el espectador tiene que pillarla. Las canciones pop resaltaban tanto y eran tan modernas que funcionaba, y encajó sin problemas con la narrativa y la banda sonora de Kris. Recuerdo ver algunos de los primeros cortes que eran maravillosos, como fan y como supervisora musical. Ver que Daphne aparece al ritmo de la versión de «Thank You, Next», de Ariana Grande en el primer baile me dio un subidón. Eso definió nuestro marco musical, y fue un guiño a la audiencia.

KRIS BOWERS, COMPOSITOR, SOBRE BORDAR LA ÉPOCA A TRAVÉS DEL SONIDO:

Cuando Scott Collins me llamó para hablar de *Los Bridgerton*, me emocioné. Soy muy romántico (pregúntale a mi mujer) y también me encanta trabajar con Betsy, Shonda, Scott y Tom.

Scott me habló un poco de la visión y me dijo que la música también debería alcanzar el grandioso nivel de la serie. Quería lucirme: escribir grandes piezas orquestales es una oportunidad rara. Al principio, creí que escribiría algo específico de la época, porque fue un periodo muy fuerte para la música clásica en Europa: Mozart murió en la década de 1790, Beethoven seguía componiendo. Pero no me terminaba de encajar que la serie fuera toda clásica, eso está muy visto.

Así que fui en la dirección contraria y probé algo muy moderno, usando la música orquestal casi de muestra. En uno de los bailes, usamos algo de Kanye (instrumentos de viento metal muy agresivos con mucho sintetizador), y quedaba fatal. Parecía una lucha entre dos culturas más que un puente.

Al final, como empecé a componer mientras seguían rodando (lo normal es escoger la música en postproducción), tuve mucho tiempo para probar cosas distintas. Lo que me descubrió el sonido fue el tema de Simon y Daphne. Chris Van Dusen me pidió que lo escribiera para poder rodar con la música. Daphne toca una parte al piano. Le mandé algo de Ravel y más música impresionista para saber qué buscaba, ya que necesitaba algo de ese mundo, porque el romanticismo es evidente en ese estilo.

Digo «impresionista» porque hay algo reconocible en ese tipo de pintura. Identificas el lago o la charca, pero reconoces la imprecisión. Esa era la sensibilidad que buscaba para el sonido más que pinceladas definidas. Es emocional sin pasarse, porque quieres que la escena lleve el peso. Pero la música tiene que apoyar el momento, no puede distraer, no puede abrumar. Debe ser perfecta.

«En las escenas de Daphne al piano, el audio es mío, pero Phoebe aprendió a tocar la pieza, tuvo a un profesor para poder hacerlo. ¡Es impresionante! Era una pieza difícil, algo que descubrí al grabarla: tuve que ensayar mucho. La forma de tocar el piano en la serie es perfecta: cuando ves tomas de sus manos, lo están [perfectas] en cuanto a las notas que suenan».

—Kris Bowers

BANDA SONORA:
Cuando hago la banda sonora de una serie o una película, la hago al final, junto con los editores y otros procesos de postproducción. El supervisor musical coloca música preexistente y luego compongo el resto. La música es una de las últimas partes en crearse porque compongo según las indicaciones de los editores. A medida que editan, colocan música temporal (algo sacado de una película o una biblioteca musical), lo que les permite crear el ritmo que buscan. Y yo uso eso para la banda sonora.

Normalmente, cada vez que pasa algo importante, habrá un gran acorde, o tal vez lo contrario de vez en cuando. A veces, desplazan el corte un poco a conciencia. Con independencia de la intención, la forma en la que un editor usa la música marca cómo compongo.

Antes de empezar a componer, me senté con Chris Van Dusen e hicimos una sesión de control para ver la serie y comentar qué quería él en varias escenas junto con lo que pensaba de la música temporal (si se alineaba con su visión o quería algo distinto). Si a todos les encanta la música temporal, me corresponde a mí averiguar por qué: ¿Es el ritmo? ¿Los instrumentos? ¿Es un aspecto de la orquesta? Lo analizo todo y después pienso en cómo enfocar la banda sonora, cómo hacer lo mío.

Es evidente que el ritmo es muy importante en cualquier banda sonora, a veces puedes ajustarte al tempo de la música temporal; otras tendrás que clavar las indicaciones del editor. Por ejemplo, en la escena del duelo cambié el tempo de la música temporal, pero después lo recuperé cuando pasamos a Daphne dando vueltas en su dormitorio. Necesitaba algo muy dramático en ese momento. Una buena banda sonora comprende que hay una línea argumental general en una escena y momentos vitales en los que cambian las cosas; y yo siempre intento crear el tejido conectivo entre todo eso.

Me encantó planear los bailes. Cuando lees el guion por primera vez, no sabes lo amplio que debe ser el enfoque, lo que puede afectar a la banda sonora. Si quieres algo íntimo, usas menos instrumentos, por ejemplo. Pero con *Los Bridgerton*, pudimos jugar con una escala increíble porque hay momentos íntimos entre los personajes, apasionadas historias de amor y al mismo tiempo bailes lujosos y eventos enormes en mansiones, palacios y jardines. Nos dio muchas oportunidades de componer piezas orquestales grandiosas y geniales, algo que pocas veces se hace en televisión.

Chris Van Dusen quería que la banda sonora encajara con el mundo, así que si se centraban en un violinista de un grupo, quería que yo resaltara esas notas, pero salvo por eso, no usamos la interpretación del grupo que servía de base de la instrumentación, no había que encajarlo todo. Al fin y al cabo, las orquestas eran muy reducidas, y queríamos que los bailes parecieran grandiosos y llenos de sonido. La banda sonora es muchísimo mayor de lo que podría crear una orquesta.

VITAMIN STRING QUARTET:

Alexandra Patsavas, la supervisora musical de *Los Bridgerton* y de tantas series de Shondaland, es una leyenda en el mundillo. Sabe qué ángulo usar con la música que elige para una serie, y eligió muchas piezas de Vitamin String Quartet para la temporada 1.

Son uno de los mejores grupos que versionan canciones pop al estilo clásico. Son capaces de reproducir una canción entera con una musicalidad preciosa. Y al mismo tiempo, alguien ajeno a este mundo puede oírla y decir: «Ah, me suena». Son canciones que logran que los espectadores sientan lo mismo que los actores.

CÓMO SE MONTÓ LA BANDA SONORA:

Los espectadores se sorprenderán al descubrir que los músicos no compartieron espacio. Cuando llegó el momento de crear la música, estábamos en mitad de la pandemia, y muchos grabaron su parte en casa (repitiéndola para crear capas). Así que cuando se oye una enorme orquesta de cuerda, como durante el duelo, en realidad solo son cinco o seis músicos que se han grabado varias veces y se ha pegado.

Cuando terminamos, sentí mucha gratitud hacia los músicos. Una cosa es componer algo y no saber cómo sonará, pero con la posibilidad de reunir a unos músicos para que lo toquen juntos. Es una experiencia increíble, poder tocar con un grupo y hacer que algo cobre vida de forma emocional e intencionada. Pero estábamos solos, creando música por separado, y luego lo unimos todo, y funcionó y no perdió ni pizca de fuerza. Hablé con la flautista del proyecto, y me dijo que al oír el pie para que ella repitiera su parte, se emocionó mucho porque habíamos conseguido que pareciera que estaba tocando con una orquesta, algo que no era posible desde hacía mucho. Eso deja claro lo mucho que se volcaron estos músicos en la grabación.

ESTABLECER LOS TEMAS:

Lo que más me gusta de algunos compositores es su capacidad para sacarle todo el partido a un tema. Eso nos conecta de forma subconsciente con ese personaje. John Williams (*La guerra de las galaxias*, *La lista de Schindler*, *Indiana Jones y el arca perdida*) es un maestro. Si prestas atención en *La guerra de las galaxias*, por ejemplo, oirás muchas referencias sutiles al tema de la princesa Leia. Eso te la recuerda sin que te des cuenta.

El tema de Daphne y Simon está presente en todos sus momentos. Es lo que ella toca al piano. Fue muy útil crearlo al principio, de modo que pudiera tocarlo. Se convirtió en un elemento al que recurrir durante toda la banda sonora. Cuando los ves debatirse con algo, es posible que la música parezca emocionalmente distinta, pero el tema es el mismo. A medida que pasamos por los varios clímax como pareja, te emociona de nuevo porque has oído cómo la música cambiaba y evolucionaba con ellos. Es muy sutil, pero si ves de nuevo la serie, te darás cuenta de que siempre está ahí.

ANNIE LACKS, VICEPRESIDENTA DE CONTENIDOS CREATIVOS, SOBRE RODAR AÑADIDOS:
Es carísimo encender las cámaras de nuevo después de rodar, aunque toda producción acaba grabando de nuevo algunas tomas o tiene que añadir alguna. Por culpa de la pandemia, teníamos que trabajar con lo grabado. Gracias a Dios que lo que teníamos era genial y, por supuesto, contábamos con muchas opciones. Lo único que se rodó después fue la revelación de lady Whistledown. No estaba en el guion original, pero durante la edición, Shonda decidió que necesitábamos contarles el secreto a los espectadores, y acertó.

El final que no pasó el corte

ALISON EAKLE SOBRE EL NUEVO FINAL DEL EPISODIO 101:

Originalmente, el episodio 101 termina con un vendedor de periódicos entregando la revista de *Lady Whistledown*. En principio, era gratis para enganchar al lector y que quisieran más cotilleos jugosos. Así que termina con la reina, que se muere por seguir leyendo, y el niño, que le dice que son cinco peniques. Y su frase es «¡Pagadle al niño!», porque ella también está desesperada por los chismorreos. Durante la edición Chris y Shonda cambiaron muchísimo el final, eliminaron cuando la reina paga al niño y lo cambiaron por el momento en los jardines de Vauxhall, con Daphne y Simon bailando delante de la alta sociedad con los fuegos artificiales de fondo. Además, después se les ocurrió intercalar esos momentos con la conversación post Nigel en la que Simon planea la farsa que Daphne y él llevarán a cabo. Al principio, esa escena se desarrollaba de forma lineal, antes de que salieran a la pista de baile. Pero en la nueva versión Simon trama el plan y Daphne se pregunta si funcionará, y se intercala con la escena en la que lo ponen en práctica de maravilla. Es un ejemplo increíble, y espectacular, de cómo evolucionan los episodios en cada fase del proceso.

CONCLUSIÓN

Bueno, querido lector, esperamos que hayas disfrutado de esta miradita detrás de la cámara de *Los Bridgerton*.

Como todos sabemos, cada Bridgerton tiene su propia temporada y su final feliz. Cuando no es su momento de gloria, se integran en el tejido narrativo, en la trama de todas las historias y vidas que le dan color y textura a nuestro mundo. La verdad, es una maravillosa metáfora de la producción: cada persona da un paso adelante para hacer lo suyo y después espera ansiosa a que la llamen de nuevo.

Esperamos que este libro haga que te intereses más por la serie, que te involucres y la esperes con ansia, por supuesto, pero también por la recreación de mundos en general y por el gran mimo que requiere cada producción, ya sea dentro o fuera de la pantalla. Al igual que en *Los Bridgerton*, todas las producciones son un baile en sí: el ritmo y la cuidadosa coreografía que se orquestan con tanto cariño. Es el baile más complicado y fastuoso de todos. ¡Y nos encanta que hayas decidido unirte a la fiesta!

—**Betsy Beers**

Elenco

Adjoa Andoh
Al Nedjari
Amerjit Deu
Amy Beth Hayes
Anand Desai-Barochia
Andromeda Godfrey
Anthony Head
Anthony Wise
Ash Hunter
Ashley Campbell
Bailee Carroll
Bailey Patrick
Ben Miller
Ben Prout
Bert Seymour
Bessie Carter
Bill Ashbridge
Brig Bennett
Cairo Eusebe
Calam Lynch
Caleb Obediah
Caroline Quentin
Cate Debenham-Taylor
Celine Abrahams
Celine Buckens
Charithra Chandran
Choy-Ling Man
Chris Fulton
Claudia Jessie
Daphne Di Cinto
David Sterne
Dempsey Bovell
Dixie Newman
Dominic Coleman
Duncan Watkinson
Edward Cartwright
Edward Jones
Eleanor Nawal
Elle Meadows
Emilia Danks-Smith
Emily Barber
Emma Beattie
Emma Naomi
Esme Coy
Euan MacNaughton
Florence Hunt
Frances Pooley
Frank Blake
Freddie Stroma
Gabrielle Oke
George Kemp
George Watkins
George Wigzell
Georgia Burnell
Georgia Slowe
Geraldine Alexander
Gilly Tompkins
Golda Rosheuvel
Grace Stotesbury
Hamish MacDougall
Hannah Donelon
Harriet Cains
Helene Maksoud
Hugh Sachs
Huxley Sheppard
Ian Keir Attard
Jack Ward
James Bryan
James Fleet
James George
James Matthews
Jamie Beamish
Jarren Dalmeda
Jason Barnett
Jessica Madsen
Jessie Baek
Joanna Bobin
Joanne Henry
John Mackay
Jonathan Bailey
Jonathan Jude
Jordan Alexandra
Joseph Akubeze
Joseph MacNab
Julian Ovenden
Julie Andrews
Kaja Chan
Karlina Grace-Paseda
Kathryn Drysdale
Kush Mukerji
Leah Brotherhead
Leo Wan
Letty Thomas
Liam Noble
Liam Woon
Lorn MacDonald
Lorraine Ashbourne
Louis Cunningham
Louis Gaunt
Lucas Booth-Clibborn
Lucinda Raikes
Lucy Vandi
Luke Newton
Luke Pierre
Luke Thompson
Lynette Clarke
Mark Ramsey
Martins Imhangbe
Matthew Carter
Matthew Cottle
Melissa Advani
Michael Culkin
Michael Magnet
Michael Spicer
Mike Sengelow
Molly McGlynn
Naomi Preston-Low
Nathan Vidal
Ned Porteous
Neil Smye
Nicholas Shaw
Nicola Coughlan
Nikkita Chadha
Oli Higginson
Olivia Barrowclough
Olivia Suggett
Oscar Coleman
Oscar Porter
Paul G. Raymond
Paul Herzberg
Paul Hunter
Phil Snowden
Phoebe Dynevor
Pippa Haywood
Pippa Rathborne
Polly Walker
Priya Kansara
Ram Gupta
Raul Fernandes
Ray Macallan
Regé-Jean Page
Richard Pepple
Richard Stirling
Rob Kendrick
Robert Wilfort
Ross Cullum
Ruby Barker
Ruby Stokes
Rupert Evans
Rupert Vansittart
Rupert Young
Ruth Gemmell
Sabrina Bartlett
Sam Frenchum
Sam Haygarth
Sam Meakin
Sandra Teles
Sarah Junillon
Sarah Lawn
Seren Benbow-Hart
Shelley Conn
Sherise Blackman
Shobu Kapoor
Simon Lennon
Simon Ludders
Simone Ashley
Steph Lacey
Stephen Patten
Stuart Organ
Sukh Ojla
Tedroy Newell
Terri Ann Bobb-Baxter
Theresa Godly
Thomas Flynn
Tom Christian
Tom Lorcan
Tom Mannion
Tom Milligan
Tosh Wanogho-Maud
Vincent Davies
Will Tilston

Equipo

Aaron Shiels
Abbigail Richards
Abby McDonald
Abi Monck
Abigail Adeosun
Adam Chard
Adam James Phillips
Adam Smith
Adam Vines
Adem Aydin
Adrian Monroy Diaz
Adrian Wright
Adriene Whitwell
Aella Jordan Edge
Aeneas McDonald
Agust Baldursson
AJ Prior
Akhil John
Akiya McKnight
Alain Bety
Alan Emanuel
Aldo Rosati
Alec McIlvaney
Alex Clements
Alex Conway
Alex Davis
Alex Drewett
Alex Gordon
Alex Smith
Alex Streeter
Alexander Breitfeld
Alexander Hale
Alexandra Drescher
Alexandra Kessie
Alexandra Patsavas
Alexis O'Brien
Aleysha Minns
Alfie Carusone
Alfie Hobden
Ali Griffiths
Alice Cridland
Alice Driscoll
Alice Godfrey
Alice Man
Alice Shilling
Alice Smart
Alicia Hood
Alison Baker
Alison Beard
Alison Eakle
Alison Gartshore
Alison Griffiths
Alison Jones
Aliveena Darr
Alix Milan

Alrick Riley
Amazing Space
Amber Frisenda
Amy Mansfield
Amy Martin
Amy McIntyre
Ana Baltova-Vercuiel
Anders Dick
Andi Coldwell
Andrea Hathazi
Andréa Loy
Andrea Williams
Andreas Ayling
Andreas Feix
Andrew Burford
Andrew Eadie
Andrew Hellesen
Andrew Hobbs
Andrew Mash
Andrew Share
Andy Dixon
Andy Gizzarelli
Andy Good
Andy Short
Angelo Palazzo
Aniruddha Satam
Anissa Senoussi
Anita Berkhane
Anna Chandler
Anna Gieniusz
Annabelle Hood
Anne Mouli Castillo
Anne-Marie Kanani
Annette Malone
Annie Laks
Anthony Cupples
Anthony McCartan
Antoine Molenat
Anton Badstuber
Antoni Kujawa
Antonio Rodriguez Diaz
April Nash
Archie Lodewyke
Arron Glover
Arthur Shepherd
Ashlee Sutherland
Ashley Fosbrook
Asia Paletskaya
Aurelien Lemonnier
Ava Milne
Avji Delega
Axel Gillot
Aynee Osborn
Barbara Hauser
Barbara Ohren

Barnaby Boulton
Beau Brett
Becca Wolfe
Beck Selmes
Becky Garrity
Becky Marks
Bella Quinn
Ben Ashmore
Ben Holt
Ben Johnston
Ben Okpu
Ben Pettie
Ben White
Benjamin Grisel
Benjamin Jean
Benjamin Mitnick
Benjamin Tron
Bernie O'Brian
Berto Zavala
Beth Deluce
Beth Long
Beth Marshall
Beth Parry
Betsy Beers
Bilal El Harrak
Billy Hancox
Billy Pidgley
Billy Quinn AMPS
Billy Stockwell
Billy West
Birgit "Bebe" Dierken
Bran Hopkins
Brandon Evans
Brandon Jones
Brandon Wilson
Brett Parnham
Brian Chandler
Brian Nickels
Brian Zwiener
Bridget Case
Bridget Durnford
Brittany DuBay
Bronwyn Yardie
Brooke Hodges
Brooke McGowan
Bruce Newton
Bryan Biermann
Bryony Satchell
Callum Clements
Callum Hodgkinson
Callum Martin
Cameron Frankley
Cameron Hobbs
Camilla Botterell-Race
Camille Evans

Camille Poiriez
Carina Kill
Carlos Fontanarrosa
Carlos Garcia Barragan
Carly Griffith
Carly Mills
Carole Prentice
Carolin Pech
Caroline Barton
Caroline Dreesman
Carolyn Corben
Caron Newman
Carrie Turner
Castle Howard Estate
Caterina da Via
Caterina Falce
Catharina Eden
Catherine Francis-
    Driscoll
Catherine Mullan
Catrin Atkinson
Catriona Bradley
Cavin Dempsey
Cavin John Dempsey
Celeste Harper Davis
Céline Pourcelot
Ceylan Shevket Jawara
Chan Chi Wan
Char Dent
Charles Havord
Charlie Bennett
Charlie Doe
Charlie Doult
Charlie Oldfield
Charlotte Allen
Charlotte Armstrong
Charlotte Curtis
Charlotte Dent
Charlotte Gooding
Charlotte Morrison
Charlotte Scott-Gray
Cheryl Dunye
Chi Lewis Parry
Chloe Waugh
Chris Barnett
Chris Dickinson
Chris Donovan
Chris Gill
Chris Hankey
Chris Poullay
Chris Sweeney
Chris Van Dusen
Christophe Jeudy
Christopher Gaikwad
Christopher Louca

Claire Higgins
Claire Matthews
Claudio Monk
Cliff Lim
Cody Relf
Cole Edwards
Colin Eade
Colin Gallagher
Connor Hagerty
Craig Dowson
Craig Elderfield
Craig Holbrook
Craig Sparkes
Curtis Burrell
Cyrielle Bounser
Daisy Hodgkinson
Dan Carter
Dan Huntley
Dan Riordan
Danee Rose
Daniel Cairns
Daniel Goodall
Daniel James Grove
Daniel Marlow
Daniel Robinson
Daniel Woodard
Daniele La Mura
Danielle Johnally
Danielle Millington
    Peck
Danny Brown
Danny Edwards
Daria Aksiuta
Darius Bradbear-Brown
Darrell Briggs
Darren 'Basil' Johnson
Darren Baba
Darren Burgess
Darren Hayward
Darren Haywood
Dasha Aksyuta
Dave Bell
Dave Blinko
Dave Clayton
Dave Dobson
Dave Rankin
David Addison Myers
David Bell
David Crewdson
David Hartnett
David Myers
David Olusoga
David Palm
David Riley
David S. Di Pietro

David Stafford
David Verity
Davide D'Antonio
Dean Blyth
Dean Burtenshaw
Deb Adair
Deborah Tallentire
Dee Koppang O'Leary
Denise Chan
Dianah Jane Coleman
Dianne St. James
Dom Anthony
Dominic Devine
Dominic Preece
Dominic Seal
Dominic Wilson
Dorney Court
Doug Perfili
Dougie Hawkes
Drew Marsden
Dwight Carter
Dylan Howell
Dylan Newton
Dylan Saville
Eba Tahmina Islame
Eboni Price
Edward Farmer
Edwina Mitrica
Eleanor Robinson
Elena Dimcheva
Elhein De Wet
Elisabet Berggren
Elizabeth Benjamin
Elizabeth King
Elizabeth Talbot
Ellen Erikson
Ellen Mirojnick
Ellie Muscutt
Elliot Smith
Elliott Meddings
Els Ariadne Wentink
Emanuela Borruso
Emily Beatty
Emily Brazier
Emily Burling
Emily Lancaster
Emily Lowe
Emily Perry
Emily Prieditis
Emily Radakovic
Emma Bedwell
Emma Davis
Emma Devonald
Emma Harrison
Emma Howarth

Emma Pelliciari	Gert Van Dermeersch	Ivy Briones	John Clarke	Kelly Smith	Linda Baker
Emma Rigby	Giles Greenwood	Ivy Hegelheimer	John Dalton	Kelsey Barry	Lionel Garrote
Emma Taylor-Gilli	Gillian Martins	Ivy Sarreal	John Dew	Kelsey Hare	Lisa Peardon
Emma Woodcock	Gilly Martin	Jack Clark	John Duggan	Kelvin Richard	Lisa Pope
Emmanuel Humbert	Gina Cromwell	Jack Knott	John Glaser	Kenny Crouch	Liz Khan-Greig
Endre Balint	Gina Lewis	Jack Murphy	John Kolthammer	Kerry Matthews	Lizzie King
English Heritage	Giovanni Facci	Jack Wren	John May	Kevin Biggs	Lois Gration
Eniko Karadi	Giulio Petralia	Jacob Fortgang	John Mcmeekin	Kevin Jones	Lorenzo Manciantì
Enric Ortuno	Graeme Eglin	Jacob Worthington	John Mullan	Kevin Kilmister	Lorna Cook
Erika Okvist	Graham Samels	Jade Robertson	John Norster	Kevin Moore	Lorraine Cooksley
Erin Cancino	Greg Evans	Jake Bush	John Piggott	Kevin Plumb	Lottie Forrester
Esme Coleman	Greg Howard	Jake Kensley	John Ray	Kevin Pratten-Stone	Lou Bannell
Etienne Newton	Greg Keith	James Borne	John Rook	Kevin Woodhouse	Lou-Lou Igbokwe
Euan Coe	Greg Powell	James Evered	John W. Glaser III	Kevin Young	Louis Falcon
Eugene Rachevsky	Gregory Fox	James Lay	John Whickman	Kez Keyte	Louise Graham
Eva Mills	Gregory T. Evans	James Pavey	John Willson	Khalid Shafique	Louise Mackay
Faith Johnston	Grytė Navardauskaitė	James White	Johnny White	Kirsa Ferreiro	Louise Rashman
Farida Ghwedar	Gsus López	Jamie Calvert	Jon Beacham	Dominguez	Louise Sargeant
Farrah Yip	Guglielmo Emmolo	Jamie Davies Evans	Jon Boylan	Kirsti Reid	Lucy Benson
Federico Righi	Guillaume Ménard	Jamie Karitzis	Jon Cadwell	Kirstie Robinson	Lucy Denny
Fiona Davis	Guy Tsujimoto	Jamie Lamb	Jon Harvy Santos	Kirsty McKirdy	Lucy Hassan
Fiona Lobo Cranston	Hailu Ashaw	Jamie Shelley	Jonas Mondua	Kitty Whately	Lucy May Green
Fiona Murkin	Hannah Brooks	Jane Bedden	Jonathan Arias	Kris Bowers	Lucy Rowley
Flora Christian	Hannah Greig	Jane Bogunovic	Jonathan Igla	Kristian Raciti	Ludo Frege
Flora Moyes	Hannah Miller-Burton	Jane Karen	Jordan Carter	Kyran Bishop	Luis Ormeño Fernández
Fran Conte	Hannah Page	Janet Lin	Josh Crisp	Lara Prentice	Luka Traynor Jones
Fran Ponisi	Hannah Rowe	Jasmine O'Gilvie	Josh Curtis	Laura Frecon	Luke Anstiss
Francesca Casilli	Hannah Segal	Jasmine Wong	Josh Dempsey	Laura Murphy	Luke Daniels
Francesca Guzzetta	Hannah Smith	Jason Relf	Josh Kadish	Laura Sim	Luke Farley
Francesca Piergiovanni	Harjit Chaggar	Jason Walker	Josh Shelley	Laura Sindall	Lyn Elizabeth Paolo
Francesco Antonio Maggi	Harry Elvidge	Javier Gonzalez	Joshua Beattie	Laura Wright	Lynda J Pearce
	Harry Foster	Jay Ross	Joshua Dempsey	Lauren Kilcar	Lynne Mattingley
Francis Campbell	Harry Gay	Jaz Blair-Edmund	Joshua Faulkner	Lauren Newberry	Magda Sobolewska
Franzisca Masia	Harry Good	Jean Ash	Joshua Okpala	Lauren Wilkinson	Maia Herzog-Lee
Freddie Gollins	Harry Landymore	Jean Kelly	Josie Fergusson	Laurens Vermeulen	Maja Milisavljevic
Fry Martin	Harry Pepper	Jed Sheahan	Joy C. Mitchell	Laurent Arnaud	Malika Ruzmetova
Gabriel Bujita	Hasan Khan	Jeffrey Jur	Joy Mitchell	Leanne Danielle Goymer	Marc Pilcher
Gabriel Hernandez	Hattie McGill	Jeffrey St. Louis	Juan Tudela		Marc Ridley
Gabrielle Firth	Haydn Webb	Jen Seip	Julia Quinn	Lebo "Boo" Motjuoadi	Marcelo Aprile
Garth Sewell	Heather Varley	Jenna McGowan	Julian Smith	Lee Dilley	Marcelo Payes
Gary DeLeone	Heidi Ashton	Jenna Miller	Julie Anne Robinson	Lee Grego	Marco Esquivel
Gary Donoghue	Hélder Tomás	Jennifer Addo	Julie Goodchild	Lee Kenny	Marco Masotti
Gary Handley	Helen Beasley	Jenny Gauci	Junel Ali	Leigh Court	Marcus Ward
Gary Lasson	Helen Christie	Jenny Rhodes-McLean	Justin Kamps	Leigh Tempany-Boon	Margarethe Schmoll
Gary McKay	Helen Rootkin	Jess Averbeck	Kamanza Amihyia	Leigh Woolf	Margie Fortune
Gary Page	Helena Jung	Jess Brownell	Karen Foote	Leila Cohan-Miccio	Maria Endara
Gary Walter	Hilary Holdsworth	Jess Corley	Karl Hui	Leo Bund	Maria Gomez
Ged Henshaw	Hilary Mills	Jess Phillips	Karolyn Reece	Leo Osborne	Maria Heather Dockrill
Geetika Tandon Lizardi	Holden Chang	Jesse Ehredt	Kasia Najdek	Les Jones	Mariana Pitonakova
Gemma Sealey	Hollie Williams	Jessica Davis	Kasia Rymar	Lesley & Mike at Pickled Greens	Mark Erksine
Gene D'Cruze	Honor Roche	Jessica Lennox	Kat Blair		Mark Holmes
Geoffrey Slack	Humphrey Bangham	Jessie Deol	Kate Ellison	Lewis Barringer	Mark Horner
George Day	Hyson Pereira	Jillian Apel	Kate Laver	Lewis Peake	Mark MacRae
George Harrison	Ian Griffin	Jo Barker	Katharine Phillips	Lewis Sanders	Mark Molnar
George Jenkins	Ian Tansley	Jo Deluce	Katherine Mellville	Lewis Westing	Mark Nutkins
George Kalimerakis	Ian Woolf	Joanna Barton	Katie Aldous	Liam Clements	Mark O'Shea
George Makhshigian	Ibrahim Ajala	Joanna Osborn	Katie Harlow	Liam Coffey	Mark Rafferty
George Sayer	Imogen Murray	Jodie Bell	Katie McClung	Liam Daniel	Mark Rudd
Georgia Hobbs	Ingenuity Studios	Joe Baker	Katie Noriega	Liam Doran	Mark Sneddon
Georgia Hume	Ingrid Polakovicova	Joe Blunt	Katrina Reschke	Liam Linbonton	Mark Webb
Georgina Musgrave	Inka Polakovicova	Joe Hissey	Kaye Woodcock	Liam McDonnell	Mark Wynne-Pedder
Georgina Sparrow	Isabelle Cook	Johann Cruikshank	Kayleigh Sims	Lidija Skorucak	Marketa Hrusecka
Geraldine O'Connell	Iva Quint	John Boylan	Kelly Phillips	Lilly Hanbury	Martin Cox

Martin Duffy
Martin McDonald
Martin McShane
Mathew Finnigan
Matilda Musto
Matt Craufurd
Matt Crook
Matt Jackson
Matt Markham
Matt Pevic
Matthew d'Angibau
Matthew Finnigan
Matthew Kay
Matthew T. Lynn
Mausum Rathod
Max Hatfield
Max Mason
Max McLay
Max Wrightson
Maxence Delaforge
Maxim Condon
Maxime Pillonel
Maya Ayele
Mayank Modi
Mayowa Abi Adeosun
Mazin Mohammed
Mazz Cummings
Meghan O'Connell
Melanie Geley
Melissa Rogula
Melody Hood
Mia Hope Radford
Mia Stewart
Micah Hazzard
Michael Birch
Michael Boden
Michael Harkin
Michael Hastead
Michael Mungroo
Michael Papal
Michael Weaver
Michaela Miesen
Micheal Boden
Michela Marini
Michelle Buck
Michelle Wright
Mick Clark
Mick Hurrell
Mick Lord
Mickey Rixon
Mike Light
Mike Pain
Milly Barter
Minal Mistry
Miriam Pavese
Mitchell Brown
Mitchell Kohen
Mohamed Wazeem Afzal
Mollie Barr
Momoco
Monty Till
Morgane Herbstmeyer

Mr. Peter and Mrs. Melissa O'Sullivan
Murray Aston
Myles Wynne-Pedder
Nacho Thomas
Nadya Ivanova
Nancy Bray
Nancy Thompson
Natalie Brown
Natalie Papageorgiadis
Natalie Segal
Natasha Anderson
Natasha McMahon
Natasha Reynell
Natasha Webb
Nathan Twitchett
Naz Amin
Neil Cairns
Neil Glynn
Neil Mulholland
Neil Samels
Nell Robinson
Niall Ogilvy
Niamh Cunningham
Nic Turton
Nicholas Cruz
Nicholas Snookes
Nick Edwards
Nick Parsons
Nicki Ballantyne
Nicky Demuth
Nicky Sandford
Nicolas Gresland
Nicole Whittle
Nicolo Ciprian
Nieves Allen
Nigel Crisp
Nikki Demetriou
Nile Hylton
Noel Cowell
Noelle Arias
North Mymms Park
Oliver Goldstick
Oliver Hughes
Oliver Poole
Oliver Stotter
Oliver Whickman
Olivia Ashman
Olivia Boix De La Cruz
Olivia Evelyn Bond
Olivia Grimmer
Painshill Park
Pamela Ip
Pankaj Bajpai
Pascha Hanaway
Patricia Lucia Locche
Paul Cowell
Paul Deluce
Paul Farrington
Paul Fullerton
Paul Lee
Paul Tomlinson

Paulo Mateus
Pearl Haslam
Penny Taylor
Petar Petrov
Peter 'Skip' Howard
Peter Alberti
Peter Brown
Peter Hodges
Peter Philip Clarke
Peter Quinn
Peter Rotter
Peter Yip
Phil Aichinger
Phil Stander
Phil The Bowser
Phil Wong
Philip Ball
Philipp Blaubach
Philippa Long
Phuong Thai
Picture Shop
Pierre Charles
Pilar Seijo
Poonam Thanki
Priya Atwal
Quinn Boyd
Rachael Jones
Rachel Garlick
Rachel Neill
Rachel Pedder
Rachel Penfold
Rachel Welford
Rae Benjamin
Rajiv Bedi
Ralitsa Karova
Ramin Adilov
Rashid Phoenix
Raven Tahzib
Ray Ingardfield
Ray Relf
Rebecca Wolfe
Rene Karp
Rich Harris
Richard Grant
Richard Moss
Richard Potter
Richard Rogan
Rick Larson
Rikki Clarke
Rimanie Bratley
Rob McGregor
Rob Portus
Rob Stapleton
Robb Raufus
Robbie Chance
Robert Dixey
Robert Lillie
Robert McGregor
Robin (Bobby) Soutar
Robin Ashworth-Cape
Robyn Girvan
Romain Couturiaux
Ronan Carr

Rosa Diamond
Rosie Wessels
Rowan Pierce
Rupert Davies
Ruth Mongey
Ruth Young
Ruxandra Cristoiu
Ryan Garrad
Ryan McCarthy
Ryan Monteith
Ryan Welsh
Ryan Wheeler
Sadie Tilbury
Saffron Bramley-Astle
Sahil Jindal
Sally Llewellyn
Saloum N'jie
Sam Brooke-Taylor
Sam Burbridge
Sam Dent
Sam Jones
Sam Killingback
Sam Knox-Johnston
Sam Parnell
Sam Pickering
Samuel Jackson
Sanaz Missaghian
Sandie Bailey
Sara Austin
Sara Fischer
Sara Krantz
Sara Kuna
Sarada McDermott
Sarah Bridge
Sarah Croft
Sarah Dollard
Sarah Glenn
Sarah Howson
Sarah Jane Mills
Sarah L. Thompson
Sarah Lyall
Sarah Tapscott
Sarah Turner
Sasha Amani
Sasha Bowen
Sasha Imani
Sataish O'Shea
Saurav Ojha
Scarlet Shay
Scott Allen
Scott Collins
Scott Peters
Seamus Shanley
Sean "Jack" Murphy
Sean Duffy
Sebastian Olmos Olivares
Sedi Kukwikila
Shahin Moatazed-Keyvany
Shaniqua Y. Rivers
Shannon Funston Coker
Shannon O'Hara

Sharon Mansfield
Shaun Steer
Shawn Broes
Shawn Dixon
Sheralee Hamer
Sheree Folkson
Sherise Blackman
Shevaun Wood
Shonda Rhimes
Sidney Cosse
Sidonie Nicholson
Sim Camps
Simon Fraser
Simon Gill
Simon Lane
Sofian Francis
Solveig Ferlet
Sophie Brown
Sophie Canale
Sophie James Frost
Sophie Lambe
Sophie Lyell
Sophie Pyecoroft
Stefan Petcu
Stefano Bagnoli
Stephen Enticott
Stephen Fitzmaurice
Stephen Kaye
Stephen Wall
Stephen Williams
Steve "Barney" Barnett
Steve Bream
Steve Broadfoot
Steve Clarke
Steve Dent
Steve Fitzpatrick
Steve Fox
Steve Lewis
Steve Paciello
Steve Rogers
Steven Reeves
Stuart Piddington-Wall
Stuart Sinclair
Students of Boomsatsuma
Sue Bradbear
Suman Pal
Susan Reed
Susanna Hurrell
Susie Coleridge-Smith
Sven Müller
Tamsin Balcanquall
Tania Couper
Tara Keenan
Tasmin Balcanquall
Ted Leaning
Temilolu Babasanya
Terry Bamber
Tesa Kubicek
Tessa Gibson
Theo Spearman
Thomas Ball
Thomas Bassett

Thomas Batten
Thomas Gordon
Thomas J. Bronson
Thomas Lane
Thomas Lemaille
Thomas Prothero
Tiffany Hall
Tim Blackwood
Tim Perkins
Tim Surrey
Tim Woodcock
Timothy James Leask
TJ Singh
Tom "Ozzie" Osborne
Tom Bassett
Tom Bull
Tom Cowlishaw
Tom Davey
Tom Gordon
Tom Hussey
Tom Lock
Tom Locke
Tom Maguire
Tom Osborne
Tom Smith
Tom van Dop
Tom Verica
Tony Cooper
Tony Dawson
Tony Hood
Tony O'Callaghan
Tracy Stiles
Trethanna Trevarthen
Trevor Brooks
Tricia Brock
Ulrika Akander
Valerie Aragon
Valerie Cheung
Vanessa Brogna
Victor Tomi
Victoria Olamide Johnson
Vojta Stanek
Vonnie Meyrick-Brook
Waqqas Sheikh
Warren Deluce
Wayne Fitzsimmons
Westwind Media
Will Anderson
Will Hughes-Jones
William Correia
William Jensen
Williams Skeels
Xavier Lake
Yanika Waters
Zach Du Toit
Ziggy Gray
Zoe Brown
Zoe Geddes

Título original: *Inside Bridgerton*
Editor original: Marysue Rucci Books/Scribner
Traducción: Ana Isabel Domínguez Palomo y María del Mar Rodríguez Barrena

1.ª edición Noviembre 2022

Reservados todos los derechos. Queda rigurosamente prohibida, sin la autorización escrita de los titulares del *copyright*, bajo las sanciones establecidas en las leyes, la reproducción parcial o total de esta obra por cualquier medio o procedimiento, incluidos la reprografía y el tratamiento informático, así como la distribución de ejemplares mediante alquiler o préstamo público.

Copyright © 2022 by Netflix CPX, LLC and Netflix CPX International, B.V.
All Rights Reserved
Fotos cortesía de Netflix/Liam Daniel.
Las entrevistas con Erika Okvist de las pp. 214 y 216 están adaptadas de artículos de *Glamour* (25 de marzo de 2022) y *Marie Claire* (29 de marzo de 2022).
La entrevista con Sophie Canale está adaptada de un artículo de *Harper's Bazaar* (23 de marzo de 2022).
© 2022 by Ediciones Urano, S.A.U.
Plaza de los Reyes Magos, 8, piso 1.º C y D – 28007 Madrid
www.titania.org
atencion@titania.org

ISBN: 978-84-17421-90-8
E-ISBN: 978-84-19413-17-8
Depósito legal: B-17.020-2022

Fotocomposición: Ediciones Urano, S.A.U.

Impreso por LIBERDÚPLEX
Ctra. BV 2249 km 7,4 – Polígono Industrial Torrentofondo
08791 Sant Llorenç d'Hortons (Barcelona)

Impreso en España – *Printed in Spain*